JN048934

24H

Tokyo
guide

Perfect trip for beginners & repeaters.

Welcome to Tokyo

全部詰まってる大好きな都市

　キラキラしていて、時にギラギラしている、東京。いつだってエネルギッシュで、世界中の人やモノ、コトが集まって、毎日がお祭りみたいな街。そんな東京が帰ってきました！さらにパワーアップして。

　本書は2021年夏に発行した『Tokyo guide 24H』をもとにした改訂版です。コロナ禍でさまざまな制約が続くなか、頑張っている東京を応援したくて出した本をバージョンアップさせることができました。コロナ禍を経たシン東京は新しいワクワクがそこかしこにあふれています。なかでも新施設のオープンは目まぐるしく、今でも主要駅のいくつかは再開発の真っ只中。街にはコロナ禍前よりたくさんの観光客が集まっています。そんなトレンドを反映し、改訂版では約200軒を追加。新しいワクワクと永遠のスタンダードであってほしいお店や場所をぎゅっと詰め込みました。今の東京を遊び尽くしましょう！

24H **Tokyo** *guide* CONTENTS

★本誌出版後、内容が変更される場合がありますので、ご利用の際は必ず事前にご確認ください。
★掲載価格は特に記載のないものは、税込みの価格を記載しています。
★メニューおよび商品は品切れの場合、金額や内容が変更となる場合があります。あらかじめご確認のうえ、お出かけください。
★本誌に掲載された内容による損害等は弊社では補償しかねますので、あらかじめご了承ください。

TOKYO HOTEL GUIDE

本誌をご利用になる前に

★本誌に掲載したデータは2024年4〜6月現在のものですが、営業時間、定休日は通常時の営業時間、定休日を記載しています。
★掲載施設の見学休止、連休、イベント開催中止および掲載店舗の営業日、営業時間の変更などがあります。事前に公式サイトやSNSなどで最新情報をご確認ください。

データの見方

🏠=掲載番号　🏡=所在地
🕐=営業時間・レストランでは開店〜閉店時間（LOはラストオーダーの時間）、開館時間　施設では最終入館・入場時間までを表示しています。
　　※お記載より早い場合や遅い場合もありますのでご注意ください。
🔒=休み　原則として年末年始、お盆休み、GWなどをのぞく
　　定休日のみ表示しています。
💰=料金　入場や施設利用などに料金が必要な場合、大人料金を表示。
　　ホテルの宿泊料金は原則、シングル・ツインは1室あたりの料金を記載しています。特に記載のないものは税込み、サービス料込みの料金です。記載の金額のほかに、宿泊税などが加算される場合があります。手配などにより料金は変動しますのでご注意ください。
🛏=宿泊施設の客室数
📍=交通　交通手段や拠点となる場所からの移動の所要時間を表示しています。
[URL]=HPアドレス
[MAP] P.000 A-0　本誌に掲載したスポットの地図上での位置を表示しています。

西日暮里

上野

浅草 とうきょうスカイツリー

押上 〈スカイツリー前〉

蔵前

中央線

日本橋

東京 京葉線

銀座

新橋

お台場へ

品川

┌─ 東京までのアクセス ─┐

☑ 大阪（新大阪駅）→東京（東京駅）
新幹線で約**2**時間**30**分

☑ 名古屋（名古屋駅）→東京（東京駅）
新幹線で約**1**時間**40**分

☑ 北海道（新千歳空港）→東京（羽田空港）
飛行機で約**1**時間**35**分

☑ 九州（福岡空港）→東京（羽田空港）
飛行機で約**1**時間**40**分

※所要時間は目安です。事前にご確認ください

Welcome to
TOKYO／東京＼

日本だけでなく、世界のトレンドも発信！ 西も東も話題のスポットだらけ。
いつ訪れても刺激的な都市、東京へ出かけましょ！

春と秋!

比較的気候が安定している春と秋がおすすめ。
夏は、ヒートアイランド現象も加わり
かなりの暑さになるので注意して。

ベストプラン

見どころあふれる東京をざっくり分けるなら、上野や東京駅の
東エリアと渋谷や原宿の**西エリア**。東と西の間の移動は
鉄道で**30分以上**はかかります。2エリア楽しむなら
効率よく回り、1泊2日はほしいところ。

主な交通手段

鉄道（JR、地下鉄、私鉄）

移動MEMO

- ☑ 山手線はぐるっと1周約1時間。
  全部で30駅!

- ☑ 山手線では正対する位置にある
  東京駅〜新宿駅間は
  JR中央線快速を使って
  ショートカット!

- ☑ 山手線の外回りは時計回り、
  内回りは反時計回り

池袋

山手線

新大久保

新宿

原宿

表参道

六本木

下北沢

渋谷

代官山

中目黒

恵比寿

エリアの位置は
要チェック!

3 Days Perfect Planning

どんどん進化を続ける東京。話題のスポットやグルメなど、東京の今を楽しみ尽くす2泊3日プラン！

「hacek」(→P.117)にはガラスボタンがたくさん。ハンドメイドでヘアゴムにアレンジ！

Planning

Day 1

街歩きを中心に
定番から最新まで。
東京情報をUPDATE！

初日は、ミュージアムからスタート。ランチは話題の麻布台ヒルズへ。事前予約をすれば行列とは無縁。食後は海外発雑貨をチェックして、カフェでひと休みしたら、蔵前散策にGO！そこここにかわいい雑貨屋さんが点在し、物欲爆発に注意です。夜ごはんは肉または魚を焼いて。食後のスイーツまでフルに堪能！

10:00 空間&建物がステキすぎるMUSEUM →P.36

11:00 麻布台ヒルズランチは先手必勝！ →P.44

13:00 異国の雑貨を探しに →P.64

15:00 カフェと推しスイーツと私♡ →P.86

16:00 東京のブルックリン、蔵前へ →P.114

19:00 肉と魚、どちらにする?? →P.132

22:00 深夜の甘い誘惑、夜スイーツ♡ →P.148

Day 2-1

自然と一体化した
お花のような建物♪
穏やかな時間を過ごします

2日目の朝は少し遠く、地下鉄とバスを使って
「なぎさ公園」の丘に立つ魔法の文学館へ。い
ちご色の世界に没入♡ 眺望が素晴らしいので
丘の上からの景色もお忘れなく。ランチはメ
イン時間をずらし、東京みやげを購入しに行
きましょう。売り切れ前に入手しなくっちゃ。

09:30 魔女の宅急便の世界で"やさしさに包まれる" →P.30

12:30 東京みやげ達人に俺はなる！ →P.58

江戸川区にある児童文
学館「魔法の文学館」
(→P.30)。純白の建物
は建築家・隈研吾氏に
よる設計

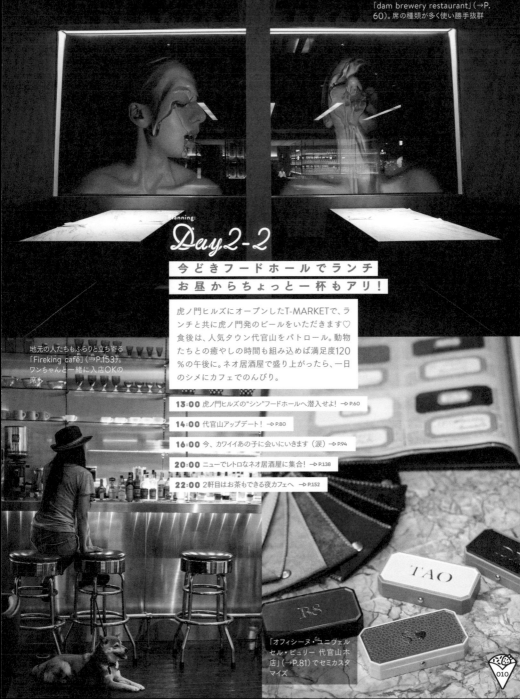

「dam brewery restaurant」（→P.60）。席の種類が多く使い勝手抜群

Planning:

Day2-2

今どきフードホールでランチ
お昼からちょっと一杯もアリ！

虎ノ門ヒルズにオープンしたT-MARKETで、ランチと共に虎ノ門発のビールをいただきます♡食後は、人気タウン代官山をパトロール。動物たちとの癒やしの時間も組み込めば満足度120％の午後に。ネオ居酒屋で盛り上がったら、一日のシメにカフェでのんびり。

地元の人たちもふらりと立ち寄る「Fireking café」（→P.153）。ワンちゃんと一緒に入店OKの席も

13:00 虎ノ門ヒルズの"シン"フードホールへ潜入せよ！ → P.60

14:00 代官山アップデート！ → P.80

16:00 今、カワイイあの子に会いにいきます（涙） → P.94

20:00 ニューでレトロなネオ居酒屋に集合！ → P.138

22:00 2軒目はお茶もできる夜カフェへ → P.152

「オフィシーヌ・ユニヴェルセル・ビュリー 代官山本店」（→P.81）でセミカスタマイズ

010

昭和の雰囲気が漂うコーヒーの名店「Coffee Work Shop Shanty」(→P.88)でひと息

朝食は「Los Tacos Azules」(→P.28)で、手作りにこだわったグルメなメキシカンを味わって

Planning: Day 3

話題スポットを詰め込んで駆け足でぐるり。サウナでととのったらラスト！

最終日の朝は店主のこだわりが詰まったグルメに舌鼓。食後は、事前予約をしておいたSHIBUYA SKYで、全身に風を感じながら大迫力の東京VIEWを。体験型コンセプトストアやレトロ喫茶など、注目スポットもお忘れなく。最後はサウナでととのい、旅もフィナーレ！

Coach PLAY @ CAT STREET

COACH

「コーチプレイ@キャットストリート」(→P.52)でショッピング。フォトスポットもいっぱい

011

優雅に過ごせる「ウエスト青山ガーデン」（→P.74）。レトロな美しいルックスのパンケーキを

「日本橋三越本店」（→P.33）など、日本橋エリアは建築めぐりもおすすめ

日帰リプラン！
1 day Plan

1

ひとりでも楽しい
癒やし＆リフレッシュできる一日

友達や恋人と出かけるのもいいけれど、たまには自分だけのペースでのんびりと過ごしてみては？ ベーカリーめぐりからスタートして、カフェやレストランでゆっくり。癒やしのグリーンや、体を整える漢方もチェック。心おだやかな一日、おひとりさまも悪くありません！

グリーンが豊富に揃う「SOLSO PARK」（→P.96）。グリーンに囲まれた憩いのスポットも

「APFR TOKYO」
(→P.113)。下北沢の
商業施設reloadには
魅力的なお店が充実

日帰リプラン!
1 day Plan

2

ミーハー上等!
話題のスポットに行きたくて

訪れるたびに最旬が目まぐるしく変わり、アップデートを続ける東京。新スポットで朝ごはんを満喫したら、トレンド発信地として注目の新大久保をパトロール。進化中と話題の下北沢や原宿の新ランドマークハラカドも必訪。わいわいお酒から夜景にバーまでもりだくさん!

08:30 緑が気持ちいい公園カフェへ →P.26

11:00 今行きたいしのくぼはココ! →P.50

14:00 進化が止まらないNEWシモキタ →P.108

17:00 原宿に爆誕した新文化発信拠点へ →P.100

19:00 オフィス街のイマドキSAKABA →P.130

21:00 王道のTHE TOKYO YAKEI はやっぱりスゴイ! →P.140

23:00 奥深きバーカルチャーの世界へ →P.154

都立明治公園内にある
「Meiji Park Market」
(→P.26)。広々としたカ
フェのほかテラス席も

見ているだけで楽
しい文房具や雑貨
を揃える「DESK L
ABO」(→P.112)

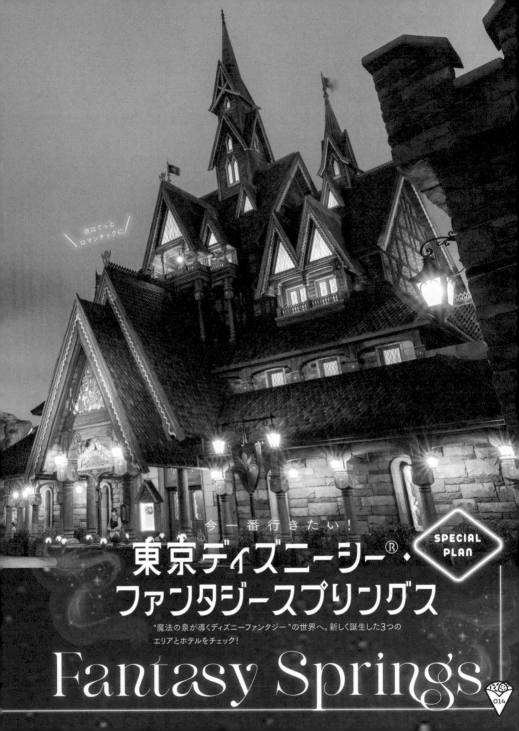

夜はぐっと
ロマンチックに

今一番行きたい！

東京ディズニーシー®・
ファンタジースプリングス

SPECIAL
PLAN

"魔法の泉が導くディズニーファンタジー"の世界へ。新しく誕生した3つの
エリアとホテルをチェック！

Fantasy Springs

014

フローズンキングダム

映画『アナと雪の女王』で、幸せな世界を取り戻したあとの、アレンデール王国を舞台にしたエリア。エルサの氷の宮殿も遠くに輝きます。

入場方法は2つ！

① パークチケット＋パスを入手する

対象アトラクションのスタンバイパス（無料）またはディズニー・プレミアアクセス（有料）が必要。パーク入園後にアプリで取得（発行数に限りあり）。

② ファンタジースプリングスホテルに泊まる

特定のホテルや宿泊プラン利用者限定のチケット、1デーパスポート：ファンタジースプリングス・マジックを購入。

アトラクション

アナとエルサのフローズンジャーニー

ミシマレポート
口ずさむこと必至の名曲と共に数々の名シーンが目の前で展開し、感情が大忙し。キャラクターたちの生き生きとした姿に釘付け。

アレンデールロイヤルセット

レストラン

アレンデール・ロイヤルバンケット

ミシマレポート
アレンデール城に招かれた気持ちに！エルサの戴冠式パーティーの大広間に感動。玉座での撮影も忘れずに。

東京ディズニーシー®

とうきょうディズニーシー

新テーマポートが誕生

海にまつわる物語や伝説をテーマにした世界で唯一のテーマパーク。2024年、新テーマポート「ファンタジースプリングス」がオープン。

MAP P.170 E-5　☎050-3090-2613（東京ディズニーリゾート・インフォメーションセンター）
🏠千葉県浦安市舞浜1-13　⏰変動あり、公式サイトで確認　🔒無休　⏱変動制、公式サイトを確認　📍JR舞浜駅から東京ディズニーリゾートライン（モノレール）で東京ディズニーシー・ステーション下車

©Disney

015

ピーターパンのネバーランド

ロストキッズの一員になって冒険の旅へ！

映画『ピーター・パン』の世界が広がります。冒険の旅に出たり、ロストキッズの隠れ家で食事したり、ネバーランドがここに！

アトラクション
ピーターパンのネバーランドアドベンチャー

ミシマレポート 🖊
3Dメガネ着用で没入感ハンパなし。風を感じながら空を飛ぶ！数々の名シーンを体感！

小さくなって春夏秋冬を進みます

アトラクション
フェアリーティンカーベルのビジーバギー

ミシマレポート 🖊
ティンカーベルのお手伝い。世界観がキュート。ビジーバギーが小刻みにまわり妖精のよう。

SHOP
ファンタジースプリングス・ギフト

ショップの空間美も必見！ファンタジースプリングスの世界観を持ち帰りたい！

東京ディズニーシー・ファンタジースプリングスホテル1階部分にあるショップ。パーク内からのみ利用可。

姉妹一緒がうれしい

② ①

夜の時計台がモチーフ。ライトアップも

①ピーターパンの影デザインのコースターが付くタンブラー2500円②子どものときにアナとエルサが遊んでいた人形がモチーフのぬいぐるみセット（2個セット）5200円

フック船長の海賊船「ジョリー・ロジャー号」にドクロ岩まで！ポップコーン、バケット付きにはティンカーベル！

©Disney

016

アトラクション

ラプンツェルの
ランタンフェスティバル

ミシマレポート ✏️

ボートに揺られ向かうランタ
ンフェスティバル。無数のラン
タンに囲まれた空間に感激。

幻想的なランタンや塔の灯りに包まれる

ラプンツェルの森

映画『塔の上のラプンツェル』エリアにはラプ
ンツェルが幼い頃から暮らしていた塔がそびえ、
「自由への扉」を歌うラプンツェルの姿も。

HOTEL

東京ディズニーシー・
ファンタジースプリングスホテル

映画『ファンタジア』を表現する魔法の泉のほ
とりに立つパーク一体型ホテル。グランドシャト
ーとファンタジーシャトーの2構成。

『美女と野獣』イメージの
魔法の泉を見られるのは
ホテル宿泊客だけ！

そこここに
ディズニーモチーフ

TOKYO THE BEST TIME

IN THE

Morning

8:00 - 10:00

人々が一斉に動き出す東京の朝。通勤ラッシュをうまくかわしてめぐりましょう。ちょうどラッシュの時間帯に優雅な朝食タイムもいいかもしれません。その後は開館と同時に美術館などの施設へ。心の充電を完了させたら、楽しくて忙しい一日の始まりです。

角野栄子さんの世界観に没入できる「魔法の文学館」(→P.30)。なぎさ公園の小高い丘に立ち、豊かな自然も楽しめます

本をひらけば
たのしい世界

かどのえいこ

A
FRANCE
虎ノ門ヒルズで
朝から優雅な朝食を

A-2

A-3

A-4

A-1 アボカドフムスとひよこ豆・海老・コリアンダー・ライムのタルティーヌ1540円（手前）とウッフマヨネーズと長谷川農園マッシュルームのクロワッサンサンドイッチ1430円。共にクラムチャウダー（日替わり）とドリンク付き A-2 A-1 席がゆったりと配置されたブラッスリー A-3 ブーランジェリーカフェ併設。焼きたてパンが約40種

A-1

早起きのごほうびは
世界の朝ごはんで旅気分

東京は世界の食文化が凝縮したリトルワールド。気軽に本場の味が楽しめるカフェやレストランがたくさん。なかでもおすすめは、「RITUEL 虎ノ門」。人気の自家製パンにたっぷりの野菜とスープ、ドリンクが付いたヨーロッパスタイルの朝食が登場します。ほかにも2カ月ごとに国が変わる朝ごはんを紹介する「WORLD BREAKFAST ALLDAY」、台湾スタイルの朝ごはん店「東京豆漿生活」も。異国を訪れた気分で、のんびりと朝をスタートしてみては？

BEST TIME
08:00
これぞTOKYO！
世界の朝食が
思いのまま

★★★ RITUEL 虎ノ門のカフェエリアでカジュアルにヴィエノワズリーとドリンクもおすすめ。

020

U.S.A.

アメリカの朝ごはん1800円はレギュラーメニュー。バターミルクパンケーキにカリカリのベーコンなどをオン

B-2 B-1

B-1 朝ごはんメニューのほか、その国の伝統的なドリンクやデザートも楽しめます B-2 店内は無国籍なイメージ

B

2カ月ごとに変わるから
いつ訪れても世界各地の
朝ごはんにめぐりあえる

フィンランドの朝ごはん。メインは、ミルク粥をライ麦の生地で包んで焼いたパイ、カルヤランピーラッカ

FINRAND

干しエビやネギが入る少し酸味ある豆乳スープ、鹹豆漿580円

C

TAIWAN

朝にぴったり！
鹹豆漿（シェントウジャン）の
優しい味わいを

C-2 C-1

C-1 できたての焼餅や饅頭も並びます C-2 カフェのようなおしゃれな店内
C-3 肉でんぶや煮卵を餅米で包んだ食べ応えある台湾式おにぎり490円（小）

C-3

08:00 OPEN

C **東京豆漿生活**

とうきょうとうじゃんせいかつ

台湾式朝ごはんの専門店。朝5時から仕込みをスタートし、豆乳をはじめ、全て店内で手作り。本場台湾の味にこだわっています。

MAP P.168 D-4
☎03-6417-0335 🏠品川区西五反田1-20-3
🕐8:00～15:00。土・日曜・祝日9:00～(8:00から整理券配布)※売り切れ次第閉店 🚫無休 🚇東急池上線大崎広小路駅から徒歩2分

07:30 OPEN

B **WORLD BREAKFAST ALLDAY 吉祥寺店**

ワールド ブレックファスト オールデイ きちじょうじてん

大使館などと協力して、これまでに約50カ国の朝ごはんを紹介。朝食を通じて世界の文化が体感できます。

MAP P.169 A-2
☎0422-27-6582 🏠武蔵野市吉祥寺本町2-4-2-102 🕐7:30～20:00(LO19:30) 🚫不定休 🚇各線吉祥寺駅北口から徒歩5分

08:00 OPEN

A **RITUEL 虎ノ門**

リチュエル とらのもん

RITUEL最大規模の旗艦店。ブーランジェリーカフェとブラッスリーからなり、パンをスープに浸して食べる習慣や食事の楽しみ方を朝・昼・夜ごとに提案。

MAP P.178 E-2 ☎03-3528-8057 🏠港区虎ノ門2-6-3 虎ノ門ヒルズステーションタワー 2F
🕐8:00～23:00(LO22:00)、日曜・祝日～22:00(LO21:00)、カフェエリア8:00～21:00(LO20:30)、日曜・祝日～20:00(LO19:30) 🚫無休 🚇地下鉄虎ノ門ヒルズ駅直結

朝、訪れたい ベーカリーq

焼きたてパンの香りで幸せな1日をスタート！

ら営業のベーカリー。開店に合わせ、何種類ものパンを焼き上げるって本当に大変。感謝しかありません。「コム・ン」は扉を開けるとスタッフさんが爽やかに迎えてくれます。「閉店時間までは、売り切れを作らない」とフル回転でパンを焼く店内は活気でいっぱい。朝から元気ももらえます。

おはようございます

スタッフさんの対応もステキ
老若男女に優しい人気店

07:00 OPEN

Comme'N
コム・ン

パンの世界大会「モンディアル・デュ・パン」で、日本人初の総合優勝を果たした大澤シェフの店。販売は対面式。スタッフさんと相談しながらパンを選ぶのも楽しい。

MAP P.169 B-5
☎なし 📍世田谷区奥沢7-18-5 1F
7:00～18:00 🈚無休 🚃東急大井町線九品仏駅から徒歩1分

LOVE

フランス産発酵バターが香るクロワッサンA・○・P378円

自家製クリームたっぷりのミルク・フランス464円

群馬県産の小麦を使用したGバゲット410円

もちもちとしたパン・ド・ミ（1斤）432円

オーナーシェフ大澤秀一さん

1「堅そうに見えて柔らかい」などスタッフさん情報が◎ 2 コーヒー（アイス・ホット）の販売も。Sサイズ440円～ 3 天井の高い店内

★★★店内が広くないベーカリーの場合、入店制限のあるお店があるので気をつけて。

パン職人・割田さんのパンはどれも驚きがいっぱい！

楽しくて飽きないパンがたくさん

08:00 OPEN

BEAVER BREAD
ビーバー ブレッド

スタンダードに少しエッジを効かせたパンが人気。チョコではなくカカオニブを使用するメロンパンは、ほろ苦さと食感が◎。

[MAP] P.172 F-5
☎03-6661-7145 ♥中央区東日本橋3-4-3 1F ◷8:00〜19:00、土・日曜・祝日8:00〜18:00 ♠月・火曜 ♥地下鉄馬喰横山駅A2出口から徒歩4分

LOVE

大人の味わいのメロンパン280円

シナモンとカルダモンが香るシナモンロール420円

パン・ド・ミ1本800円。もっちりしっとり食感

08:30 OPEN

Boulangerie Django
ブーランジェリー ジャンゴ

国産小麦を使った香り豊かなパンがズラリ。水の代わりに窯でローストしたビーツのピューレを使うなど、個性派パンも必食。

[MAP] P.172 F-4
☎03-5644-8722 ♥中央区日本橋浜町3-19-4 ◷8:30〜18:00 ♠水・木曜 ♥地下鉄水天宮前駅4番出口から徒歩7分

オリジナリティあふれる店主・川本さんのパンにときめく！

チェコの伝統工芸品、結晶形の器をモチーフにした内装

エメンタールノア370円。香ばしいチーズ×たっぷりのクルミ

LOVE

ローストオニオン入りビーツのベーコンエピ390円

バターを贅沢に使ったブリオッシュフテ550円

07:00 OPEN

365日
さんびゃくろくじゅうごにち

国産食材にこだわり、無添加で安心できるパンが並びます。パンはおいしいうちに食べきれるよう小ぶりに作られています。

[MAP] P.176 F-1
☎03-6804-7357 ♥渋谷区富ヶ谷1-2-8 ◷7:00〜19:00 ♠2月29日 ♥地下鉄代々木公園駅1番出口から徒歩1分

店主・杉窪さんが厳選した全国各地の食材の販売も！

独創性にあふれたパンばかり

LOVE

サクサクが楽しいクロッカンショコラ422円

リンゴのブランデーが香る大人のカヌレ324円

365日×食パン1斤357円。北海道産と福岡産の小麦を使用

エキゾチックな雰囲気と
仏教美術が融合

穏やかに過ごすか活気の渦に飛び込むか

朝活王道の築地詣

朝のお出かけスポットとして外せないのが
築地。築地本願寺を心静かに見学、大にぎ
わいの築地場外市場でグルメ三昧が定番！

400年の歴史を誇る名刹
築地本願寺
つきじほんがんじ

MAP P.170 F-4 ☎0120-792-048 🏠
中央区築地3-15-1 ◎6:00 ～ 16:00
🔒無休 ◉地下鉄築地駅1番出口直結

境内にある和カフェで本堂を眺めながら朝食

18品の朝ごはん2200円。お粥と味噌汁、おかずの全18品

穏やかに過ごす派

本堂へお参りと見学に

古代インドの仏教建築を模して築かれた築
地本願寺。本堂には和洋折衷のシャンデリア
も。ご本尊の阿弥陀様にごあいさつを。

築地本願寺カフェ Tsumugi
つきじほんがんじカフェ ツムギ

阿弥陀様がたてた誓願にちなみ考案された「18品の朝
ごはん」や築地場外市場の名店のおかずや焼き鮭が付
く「築地のお寺の朝ごはん」1430円などが味わえます。
MAP P.170 F-4 ☎なし 🏠築地本願寺インフォメーションセンター内
◎8:00 ～ 18:00(LO17:00)、朝食は～ 10:30 🔒無休

★ ★ ★ 18品の朝ごはんは器の下に料理名が書いてあり一品一品確認しながらいただけます。

築地山長
つきじやまちょう

1949（昭和24）年創業、築地で長く愛される玉子焼き専門店。玉子焼きはだしが香る優しい甘さ。

MAP P.170 F-5 ☎03-3248-6002 ♠中央区築地4-10-10 ⏰6:00～15:30 🚪無休 📍地下鉄築地市場駅A1出口から徒歩4分

職人が丁寧に焼き上げる創業以来変わらぬ味に

串玉
200円

長い行列に並んでも食べたいおにぎり

明太子鮭はらす
328円

約18cm！食べ応え◎

天むす
412円

牛丼
800円

濃いめの味付けでご飯もお酒も進む

+100円で卵をトッピング！

ホルモン丼
900円

築地 さのきや
つきじ さのきや

マグロ形のまぐろ焼き本マグロは、十勝産小倉あんがぎっしり。ほかにキハダマグロ（カスタード）なども。

MAP P.170 F-5 ☎03-3543-3331 ♠中央区築地4-11-9 ⏰8:00～15:00（売り切れ次第終了）🚪日曜・祝日、市場休市日 📍地下鉄築地駅1番出口から徒歩3分

たい焼きならぬまぐろ焼き

まぐろ焼き
280円

丸豊
まるとよ

早朝から行列が絶えないおにぎり店。おにぎりはビッグサイズでボリューム満点！種類も豊富。

MAP P.170 F-5 ☎03-3541-6010 ♠中央区築地4-9-9 ⏰7:00～13:00頃（売り切れ次第終了）🚪日曜・祝日、市場休市日 📍地下鉄築地市場駅A1出口から徒歩3分

きつねや

じっくり煮込まれた牛ホルモンがのったホルモン丼が名物。味がしみしみの牛丼や肉豆腐もおすすめ。行列必至の人気店。

MAP P.170 F-5 ☎03-3545-3902 ♠中央区築地4-9-12 ⏰6:30～13:30（売り切れ次第終了）🚪日曜・祝日、市場休市日 📍地下鉄築地市場駅A1出口から徒歩3分

ガチ勢で大にぎわい

築地場外市場
つきじじょうがいしじょう

MAP P.170 F-5 ☎なし ♠中央区築地4丁目および6丁目一部 ⏰店舗により異なる 📍地下鉄築地駅1番出口、築地市場駅A1出口

活気の渦に飛び込む派

名物グルメをはしご

新鮮な魚介はもちろん、築地にはおいしいもが集結。どれも並ぶ価値アリ！のグルメばかり。

築地 うに虎
つきじ うにとら

全国から仕入れるウニ専門店。鮮度の高い極上のうにが味わえます。産地別の食べ比べメニューも。

MAP P.170 F-5 ☎03-6228-4693 ♠中央区築地4-10-5 MIHIROビル1F ⏰7:00～21:00（LO 20:00）🚪無休 📍地下鉄築地市場駅A1出口から徒歩4分

ウニづくしの贅沢丼を喰らう

3種の生ウニにイクラやネギトロも

厳選3種のうにといくら、鮪中落ち〜奏〜
7200円

人気のスイーツもお忘れなく

築地そらつき 総本店
つきじそらつき そうほんてん

いちご飴やソフトクリーム、大福など、いちごスイーツが大人気。自家製のいちごソフトは超濃厚！

MAP P.170 F-5 ☎03-6228-4500 ♠中央区築地4-11-10 ⏰7:00～15:00 🚪不定休 📍交地下鉄築地市場駅A1出口から徒歩5分

いちごミルキーソフト
650円

朝活するならココ
緑が気持ちいい公園カフェへ

一日のスタートは公園にあるカフェを訪れてみては？ 豊かな緑を眺めながらのんびり朝食。爽やかな朝時間が送れます。

店内で焼き上げるパンやペストリーがずらり。オリジナルやヴィンテージの家具に囲まれた店内でイートインもできます

Parklet

カントリーブレッドなどサワードウを用いたパンが人気のベーカリーカフェ。朝食はもちろん、ワインやビールも楽しめます。

Parklet Kiosk

コーヒーやアイスクリームなどがテイクアウトできるスタンド。コーヒーはOVERVIEW COFFEEの豆を使用。

コーヒーメニューは450円〜。アイスクリームは常時4種類。ダブルスクープ650円。オリジナルの黒ゴマがイチオシ！

IN THE
Morning
08:00-10:00
PICK UP

★★★ Parkletではメニューに使用されている自家製のデュッカやレモンカード、グラノーラなどの購入も可能。

and more

緑がまぶしい
東京公園カフェなら

RACINES FARM TO PARK

ラシーヌ ファーム トゥー パーク

To Goしてピクニックも

広い芝生が人気の南池袋公園に隣接するオールデイダイニング。テラス席や2階席からは芝生ビューが楽しめます。モーニングプレート1100円〜など朝メニューがあるのもうれしい。

MAP P.185 B-5 ☎03-6907-0732 🏠豊島区南池袋2-21-1 南池袋公園内 🕗8:00〜22:00、土・日曜・祝日9:00〜 🔒無休 📍各線池袋駅39番出口から徒歩1分、地下鉄東池袋駅1番出口から徒歩4分

Mr.FARMER 駒沢オリンピック公園店

ミスターファーマー こまざわオリンピックこうえんてん

広大な公園の緑が鮮やか

ヘルシーメニューが充実する駒沢オリンピック公園内のカフェ。ボリューム満点のサラダ1529円（単品）やスムージー800円など、こだわり野菜をたっぷり使ったメニューばかり。

MAP P.169 B-4 ☎03-5432-7062 🏠世田谷区駒沢公園1-1-2 🕗7:00〜21:00 🔒無休 📍東急田園都市線駒沢大学駅から徒歩15分

都立明治公園&
国立競技場ビューを楽しみながら

オープンサンドは
朝食にもぴったり

Meiji Park Market

メイジ パーク マーケット

公園の中にある公園のような空間

都立明治公園内に誕生した複合型フードホール。「Parklet」「Parklet Kiosk」とバターミルクフライドチキン専門店「Baby J's」の3店舗が集まります。広々とした店内スペースのほかテラス席も。

MAP P.174 F-3 ☎03-6434-0577 🏠新宿区霞ヶ丘町5-7 都立明治公園A棟1F 🕗8:30〜18:00、Baby J'sは11:00〜 🔒火・水曜 📍地下鉄外苑前駅2b出口から徒歩10分

1 自家製グラノーラとヨーグルト、季節のフルーツ700円。濃厚でかための自家製ヨーグルトがクセになる味わい **2** アボカドデュッカトースト1250円。サワードウブレッドも美味

027

店主のこだわりがはんぱない朝ごはんをいただけるのがコチラの2軒。その想いを全身全霊で受け止めるべく、コンディション整えて万全体制で出かけましょう。

豆のスープ、フリホレス・チャロス1550円（R）。具だくさん

サボテン×柑橘のサボテン・ジュース850円

ココ
すごいっ！

「具材、サルサもすべて
一から丁寧に手作り」

ココ
すごいっ！

「まるでコレクションな
作家さんの食器たち」

ココ
すごいっ！

「注文ごとに一枚ずつ。
焼きたてをタコスに」

朝タコスで
贅沢な朝時間を

MENU
・タコス左からアボカド450円、
鶏肉とモレベルデ 600円、チレ・レジェーノ 750円、
カルニータス（スペシャル）700円
・チラキレス（＋アボカド、半熟卵）2110円

提供TIME
9:00 ～ 15:00、土・日曜は～ 16:00
週末は行列覚悟すべし

メキシコ出身の店主
マルコさん

Los Tacos Azules
ロス タコス アスーレス

ヘルシーでグルメなメキシカン
厳選食材をフレッシュな料理で提供。トルティーヤも毎朝ブルーコーンから製粉し、焼きたてをタコスに仕上げます。リゾートのカフェのような店内はカウンターがおすすめ。ライブ感が目の前で楽しめます。

[MAP] P.169 C-4
☎03-5787-6990
🏠世田谷区上馬1-17-9 🕘9:00 ～ 15:00（LO14:00）、土・日曜～16:00(LO15:00)
🚫月・火曜 🚃東急田園都市線三軒茶屋駅南口Bから徒歩9分

★ ★ ★ Los Tacos Azulesは朝から飲めちゃう。ナチュールワイン、クラフトビールなどが揃います。

鯉のぼりならぬ
鰹のぼりが目印!

BEST TIME
09:00

朝から並んで胃袋大満足!

本気朝ごはんに挑むべし

かつお食堂
かつおしょくどう

最高級の本枯れ節を手削り
コの字形のカウンター席で供されるメニューは基本1品。ほかは量の調整や卵などのトッピングがあるのみ。カツオだけでなく、お店に関わるものは、自ら出向き共感できるものだけをセレクト。

MAP P.169 C-3 ☎03-6877-5324 🏠渋谷区鶯谷町7-12 GranDuo渋谷B1F
🕘8:30 〜売り切れまで、土・日曜9:00
〜 🔒インスタグラムを確認 📍JR渋谷駅西口から徒歩10分

ココ
すごいっ!

「オーダーごとに
心をこめて手削り」

MENU
手削りの鰹節ごはんと
天然出汁のおみそ汁、
出汁ガラのごはんのおとも
1650円
提供TIME
8時30分から売り切れまで
（昼前に売り切れることも）。
開店前から行列覚悟すべし

ココ
すごいっ!

「現場へ出向き永松さんが
惚れ込んだもののみ」

ココ
すごいっ!

「削りたての鰹節は
ピンクでふわふわ」

手削りのよさ
を広めたいです

店主の永松さん。
鰹節伝道師としても活動

029

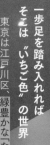

一歩足を踏み入れれば
そこは"いちご色"の世界

東京は江戸川区、緑豊かな「なぎさ公園」の丘に純白の建物が誕生しました。周りの自然に溶け込むお花のような建物の中へ入ると、目の前に"いちご色"の世界が広がります。こちらは2023年11月にオープンした『魔女の宅急便』作者・角野栄子さんの世界観を表現した児童文学館です。『魔女の宅急便』の舞台、コリコの町をイメージし、館内は"いちご色"で統一。空間やインテリアだけでなく、消火器カバーなども"いちご色"という、こだわりぶり。本の中へワープしたような世界観が魅力で、ファミリーだけでなく、栄子さんファンの女性グループやひとりさまなど、老若男女が訪れています。"いちご色"は実は3色あるのだとか。美しい"いちご色"のグラデーションに包まれて、思い思いに過ごしてみませんか?

栄子さんのアトリエ

BEST TIME
09:30

大人同士でも訪れたい!

魔女の宅急便の世界で
"やさしに包まれる"

1F

コリコの町

壁一面に映し出されるプロジェクションマッピングに注目! 作品のキャラクターが登場します。視覚トリックの小窓など、わくわくする仕掛けが多数。

1 15分に1回、さまざまな映像が流れます。かわいい猫耳のモニターでは、栄子さんが本の世界へご案内 **2** 壁にある小窓を開けてみて! 小窓ごとに異なるトリックが隠されています

1F

SHOP

角野栄子作品のキャラクターグッズやここでしか手に入らないオリジナルグッズまで。約100点を揃えます。

1 原画のポストカードシリーズ、絵はがき 魔女の宅急便。各220円。裏面には作品から抜粋した本文テキストが! **2** おばけのアッチ ミニポーチ1320円

★★★ アクセスは地下鉄東西線葛西駅から都営バス葛西21、または葛西24を利用。乗車時間は約10分。

1 旧江戸川を見渡せる **2** キキライス1350円。"オムライス山"をイメージ **3** パフェ、ハートをあなたに700円

魔法の文学館
まほうのぶんがくかん

MAP P.168 E-5 ☎03-6661-3911 江戸川区南葛西7-3-1 なぎさ公園内 ◎9:30〜17:30(最終入館16:30) 火曜 ⦿700円※基本事前予約制 地下鉄葛西駅博物館口から徒歩30分、バス停魔法の文学館入口またはなぎさニュータウンから徒歩5分

3F
カフェ・キキ
魔法の文学館の世界観にさらに浸れるカフェ。栄子さんの作品にちなんだスペシャルメニューはここでしか味わえません。眺望もよく開放感いっぱい。

Hans Christian Andersen Award

本をひらけば
たのしい世界
かどのえいこ

アトリエ奥は栄子さんの
活動を知ることができるコーナー

2F
栄子さんのアトリエ
栄子さんの自宅仕事場をイメージ。デスクの上には、貴重な直筆原稿が！栄子さん手描きの壁画の再現も。

ブックエンドにはジジ、
ここにもキャラクターが

2F
ライブラリー
おうち型の本棚がずらり。好きな場所で自由に読めます。うさぎの耳を模した背もたれがかわいい"いちご色"のラビットチェアもチェック。大・中・小で特注したもの。

1F
コリコの町の本棚
おうち型の本棚やおうち型の読書スペースにテンションがあがるライブラリー。栄子さんの著作に加え、栄子さんセレクトの児童書や絵本などが約1万冊！

Check
ドーム天井など辰野
建築を堪能できます

日本橋に溶け込む
心躍る歴史遺産をめぐる

国の重要文化財に指定される
など、歴史的価値の高い建造物
が点在する日本橋。当時、最
先端だった設計や技術を駆使
し建てられた名作ばかりです。
荘厳な建物に、贅を尽くした館
内の意匠など、見どころたっぷ
り。歴史に想いを馳せながら歩
いてみては。

BEST TIME
09:30

Morning 08:00-10:00

やっぱりお江戸の出発点

レトロ建築めぐりなら 日本橋なんです！

ここが推し！
当時の最新
技術や意匠の粋を
ふんだんに取り入れた辰野建築

ここが推し！
〜階を貫きそびえる秀麗な柱が
3面にわたり並ぶさま

外装に使用されているのは花崗岩

1 本館の正門。その奥が中庭 **2** 創建当時の姿をほぼ
そのまま残す地下金庫 **3** 1本石の柱に囲まれた中庭
4 装飾が施された客用広間。明治から昭和まで使用

日本銀行本店 本館
にっぽんぎんこうほんてん ほんかん

日本人建築家による初の国家的近代建築
1896（明治29）年、辰野金吾により設計され完成した石造の
古典主義建築です。重厚感あふれる中庭には、馬車文化の名
残、馬の水飲み場などもあり、往時を想像するのも楽しい。
MAP P.172 D-1 ☎03-3277-2815（本店見学）🏠中央区日本橋本石町2-1-1
📍地下鉄三越前駅B1出口から徒歩1分

予約マスト

INFORMATION
日本銀行本店見学
見学には予約が必要。ガイ
ドが解説してくれ、建物だ
けでなく銀行の歴史も学
べます。
data
🕐月〜金曜（祝日、年末年始
除く）。約1時間 💰無料（要予
約。詳細は公式サイトを確認）

三井本館
みついほんかん

アメリカの新古典主義デザイン
三井財閥の礎を築いた「越後屋」の跡
地に立地。現建物は、関東大震災で
被害を受けた旧本館を建て替え、1929
（昭和4）年に完成。コリント式大オーダ
一列柱に囲まれた壮麗な建造物。
MAP P.172 D-1 🏠中央区日本橋室町2-1-1
📍地下鉄三越前駅A7・A8出口直結

★ ★ ★ 辰野金吾は"日本近代建築の父"と呼ばれ、東京駅も辰野金吾による設計です。

1 気品漂う正面玄関にはライオン像 **2** 中央ホール2階バルコニーにあるパイプオルガン（演奏スケジュールは公式サイトを確認） **3** 豪華絢爛な天女（まごころ）像

ここが推し！

西洋古典様式を基調とした建物と美しい中央ホール

日本橋三越本店
にほんばしみつこしほんてん

格式高い意匠に彩られた日本初の百貨店

関東大震災のあと、数期に渡り修築・増改築を重ね現在の姿に。5階まで吹き抜けの中央ホールは、天女像がそびえ、採光天井の下に大理石を張り詰めるなど、贅の極み。2016年には本館が国の重要文化財に。

MAP P.172 D-1 ☎03-3241-3311 🏠中央区日本橋室町1-4-1 ⏰10:00 ～ 19:00、食品・1F ～ 19:30 🔒不定休 📍地下鉄三越前駅A3出口直結

おすすめ！

INFORMATION

日本橋髙島屋
重要文化財見学ツアー

コンシェルジュが日本橋髙島屋の建築的見どころを案内してくれます。

data

⏰毎月第2木曜11:00 ～約1時間 💴無料（要予約。詳細は公式サイトを確認）

ここが推し！

西欧建築にちりばめられた和洋折衷の意匠の数々

1 大理石の柱が連なる吹き抜け空間。格天井には建築家・村野藤吾デザインのシャンデリア **2** 案内係が手動で操作するエレベーターは今も健在 **3** 建物外観にも和風建築の意匠が随所に。どこかオリエンタルな雰囲気

日本橋髙島屋S.C. 本館
にほんばしたかしまやショッピングセンター　ほんかん

百貨店建築初の重要文化財

江戸時代末期に京都で創業。日本橋店は1933（昭和8）年に竣工。その後、増改築を繰り返し、1965（昭和40）年には1街区を占める店に。昭和初期から現存する百貨店建築の中で最大級の規模を誇ります。

MAP P.172 D-3 ☎03-3211-4111 🏠中央区日本橋2-4-1 ⏰10:30 ～ 19:30 🔒不定休 📍地下鉄日本橋駅B2出口直結

足元には渋谷、目の前には東京！

渋谷絶景を独り占め！

入場からの演出もステキ♡
東京を全身で感じる！

渋谷の真ん中、地上229mにある展望施設「SHIBUYA SKY」。訪れるなら、オープン直後の時間帯がおすすめ。

入場は14階の専用ゲートから。真っ暗なエレベーターに乗り込めば、非日常世界の始まりです。天井に映し出された光に吸い込まれるように急上昇し、約30秒で45階に到着。うっすらと照らされる案内灯に導かれ、暗いエスカレーターでいざ46階へ。上に近づくにつれ、自然光が降り注ぎ、わくわく感が高まります。そして、空の舞台に立つと、目に飛び込む大パノラマ！ 全身に風を感じながら、大迫力の東京VIEWが楽しめます。

空に浮いているようなスカイエッジ、空を眺めるのに最適なクラウドハンモックなど、開放感あふれる屋上展望空間で、非日常世界を堪能してください。

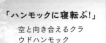

「ハンモックに寝転ぶ！」
空と向き合えるクラウドハンモック

「スクランブル交差点！」
渋谷のシンボルを真上から見下ろせます

ココ！

「目の前に新国立競技場」
代々木公園など、緑が美しい北サイド

「ソファ席もあります」
ソファの前（東側）には東京タワー‼

★★★ 入場チケットは日時指定券。WEBで完売の場合、窓口も完売なので注意。

034

「ココが一番高い!」
ジオコンパスから世界を見渡してみて

©渋谷スクランブルスクエア

「360度見渡せます」
人工芝が敷き詰められたヘリポート

暗いエスカレーターで光あふれる46階へ

SKY GATE

©渋谷スクランブルスクエア

14階から45階までの近未来的な移行空間

SKY GALLERY

©渋谷スクランブルスクエア

視点が拡がる展望ギャラリー

SHIBUYA SKY
シブヤ スカイ

渋谷最高峰からの絶景

日本最大級の屋上展望空間を誇る展望施設。移行空間「SKY GATE」、屋上展望空間「SKY STAGE」、46階の屋内展望回廊「SKY GALLERY」の3つゾーンで構成されています。

MAP P.176 D-4 ☎03-4221-0229
渋谷区渋谷2-24-12 ⏰10:00～22:30
（最終入場21:20）🔒臨時休館日あり
WEBチケット2200円、窓口2500円
各線渋谷駅B6出口直結・直上

SKY STAGE

屋上展望空間。目の前には大都市！

MUSEUM

心豊かに一日をスタートさせるならミュージアムへ。都内に多数ある中でも、敷地まるごとARTでときめくミュージアムを厳選しました。

緑も気持ちいい、モダンな日本美

1 2 本館は2009年、隈研吾氏により新しく生まれ変わった3代目 **3** 弘仁亭・無事庵。広い日本庭園には茶室などが点在

☕ 立ち寄りCAFE

カウンター席の目の前は庭園

NEZUCAFÉ
ネヅカフェ
🕙10:00〜16:30(LO16:00)
🔒施設に準ずる

写真提供：根津美術館

根津美術館
ねづびじゅつかん

日本・東洋古美術

緑豊かな庭園散策も楽しみ
実業家・初代根津嘉一郎氏のコレクションを元に開館。現在約7600件ある所蔵品には国宝、重要文化財も多い。展覧会は年に7回開催。
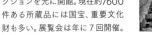
[MAP] P.174 E-5
☎03-3400-2536 🏠港区南青山6-5-1 🕙10:00〜17:00 ※最終入館は閉館の30分前 🔒月曜(祝日の場合は翌日)、展示替え期間 💰特別展一般1500円、企画展一般1300円※オンライン予約制 📍地下鉄表参道駅A5出口から徒歩8分

きらびやかなアール・デコ様式の洋館

1 本館 大客室。アール・デコの粋が集結 **2** 本館 2階広間。所々に和の要素も **3** 本館 大食堂。窓からは庭が望めます

☕ 立ち寄りCAFE

ガラス張りの空間が爽やか！新館1階のカフェ

café TEIEN
カフェ テイエン
🕙10:00〜18:00(LO17:30)
🔒施設に準ずる

写真提供：東京都庭園美術館

東京都庭園美術館
とうきょうとていえんびじゅつかん

装飾芸術

建物自体も芸術作品
1933(昭和8)年、朝香宮邸として建築。後に美術館として公開。シャンデリアなどのガラス作品はルネ・ラリックが手掛けています。
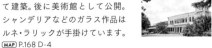
[MAP] P.168 D-4
☎050-5541-8600(ハローダイヤル) 🏠港区白金台5-21-9 🕙10:00〜18:00 ※最終入館は閉館の30分前 🔒月曜(祝日の場合は翌日) 💰展示により異なる ※庭園のみは一般200円 📍地下鉄白金台駅1番出口から徒歩6分、JR目黒駅東口から徒歩7分

★ ★ ★ カフェとあわせて、オリジナルグッズが揃うミュージアムショップも立ち寄りたい。

午前中はARTな空間で優雅に過ごしてみる！
空間＆建物がステキすぎる

森の中の美術館をコンセプトに設計

肌で感じるコンテンポラリー・アート

1 設計は黒川紀章氏 **2** 1階ロビーアトリウムの天井高は21.6m！ **3** 3階にあるブラッスリー ポール・ボキューズ ミュゼ
©国立新美術館

1「MOTコレクション第1期　ただいま／はじめまして」2019年　展示風景 Photo: Keizo Kioku **2** **3** 2019年にリニューアルオープン Photo: Kenta Hasegawa

☕ **立ち寄りCAFE**

逆円錐型の建物の上部に広がるティールーム

サロン・ド・テ ロンド
🕙11:00 ～ 18:00（LO17:30）
🔒施設に準ずる

☕ **立ち寄りCAFE**

商品をピックアップのセルフスタイル

二階のサンドイッチ
にかいのサンドイッチ
🕙10:00～18:00（LO17:30）
🔒施設に準ずる

写真提供：株式会社スープストックトーキョー

国立新美術館
こくりつしんびじゅつかん

現代美術

東京の芸術文化のサロン的存在

国内最大級の展示スペースを生かした多彩な展示が魅力。曲線を描くガラスカーテンウォール、円錐形の正面入口など、外観も素敵。

MAP P.179 B-2

☎050-5541-8600（ハローダイヤル）🏠港区六本木7-22-2 🕙10:00～18:00、会期中の毎週金・土曜～20:00 ※最終入場は閉館30分前 🔒火曜（祝日・振替休日の場合は翌平日）🎟展示により異なる 🚉地下鉄乃木坂駅改札6出口直結、地下鉄六本木駅7番出口から徒歩4分

東京都現代美術館
とうきょうとげんだいびじゅつかん

現代美術

コンテンポラリー・アートを堪能

約5800点の収蔵作品があり、絵画、デザインなど幅広く現代美術の企画展を開催。美術関連図書資料が充実する美術図書室も。

MAP P.168 E-3

Photo: Kenta Hasegawa

☎050-5541-8600（ハローダイヤル）🏠江東区三好4-1-1 🕙10:00～18:00 ※最終入場は閉館の30分前 🔒月曜（祝日の場合は翌平日）、展示替え期間 🎟展示により異なる 🚉地下鉄清澄白河駅B2出口から徒歩9分

丹精込めた色とりどりの小鉢料理

日本橋浅田の
和食ブッフェ
3300円

金沢発祥の名店「浅田」の和の朝食が日本橋で味わえます。一汁三菜を基本に、金沢や北陸の食材を使った小鉢料理をブッフェ形式で提供。朝食時間限定 A

豆と野菜のカリー

エチオピア カリーキッチン
アトレ秋葉原1店のサンバル380円
（ミニサラダorタンドリーチキン
付きの500円）

神保町の名店の味をカジュアルに。しつこくなく爽やかでさっぱりした味。スパイスのパンチも◎ B

おにぎりも煮卵もお新香も完ペキ！

みそ汁専門店の1杯

MISOJYUの
朝ごはんセット
770円

厳選食材から丁寧にとったダシにオリジナルブレンドの味噌を合わせて。具材もゴロゴロたっぷり C

口の中でふわっとほどける

おにぎり こんが
赤坂Bizタワー店の
おにぎり 367円〜

大塚の人気店「おにぎりぼんご」直系のおにぎり屋さん。一品一品丁寧に仕込んだ具材をつやつやに輝くごはんでふわっと握ります D

日本人ですもの、やっぱり…
" お米が好き♡ "

A **日本橋浅田**
にほんばしあさだ

MAP P.168 E-2
☎03-5542-1700 ♠中央区日本橋室町3-4-4 三井ガーデンホテル日本橋プレミア9F ⏰6:30〜10:00(LO9:30)、11:30〜14:30(LO13:30)、17:30〜22:30(LO21:00) ♠無休 ♥地下鉄三越前駅A10出口直結

B **エチオピア カリーキッチン
アトレ秋葉原1店**
エチオピアカリーキッチン
アトレあきはばらワンてん

MAP P.168 E-2
☎03-5289-3821 ♠千代田区外神田1-17-6 アトレ秋葉原1 1F ⏰8:00〜22:30※朝カレーは8:00〜10:30 ♠無休 ♥各線秋葉原駅電気街口から徒歩1分

C **MISOJYU**
ミソジュウ

MAP P.183 B-3
☎03-5830-3101 ♠台東区浅草1-7-5 ⏰8:00〜16:00※8:00〜10:00は朝ごはんセット、レギュラーメニューは10:00〜 ♠無休 ♥地下鉄浅草駅1番出口から徒歩4分

D **おにぎり こんが
赤坂Bizタワー店**
おにぎり こんが
あかさか ビズタワーてん

MAP P.179 C-1
☎03-6441-2624 ♠港区赤坂5-3-1 赤坂Bizタワー B1F ⏰8:00〜19:30(LO)※イートインは10:30〜14:00、16:00〜18:00 ♠無休 ♥地下鉄赤坂駅1・3a・3b出口直結

038

マリマリ

GONTRAN
CHERRIER 青山店の
パリの朝食
1485円

味が
濃いっ!!

サクサク
クロワッサン

E GONTRAN CHERRIER 青山店

ゴントラン シェリエ
あおやまてん

MAP P.175 C-5
☎03-6450-6184 🏠渋谷区
神宮前5-51-8 ラ・ポルト青山
1・2F ⏰7:30 〜 19:30 ※パリ
の朝食は8:30 〜 11:00 🔒不
定休 🚇地下鉄表参道駅B2出口
から徒歩2分

パンとエスプレッソとまちあわせ
のムーと鉄板ベーコンエッグ
（ドリンク付き）800円

人気食パンムーに青森県産卵「じょっぱり」の双子の卵とベーコンをオン！モーニング限定 🇫

F パンとエスプレッソと まちあわせ

MAP P.177 C-2
☎03-6805-0830 🏠渋谷区
神宮前6-20-10 MIYASHITA
PARK South2F ⏰8:00 〜 21:
00(LOフード18:00、ドリンク
20:00)※モーニングメニュー
は8:00〜10:00 🔒各
線渋谷駅ハチ公口から徒歩3分

フランス定番の
朝ごはんをアレンジ！

プルミエメの
ムイエットプレート
1700円

2種類の超半熟卵を特別な器
具を使い自分でカット。鉄板で
焼いたトーストやアスパラを卵
にディップして味わって 🇬

G プルミエメ

MAP P.176 F-1
☎なし 🏠渋谷区富ヶ谷1-6-10
2F ⏰8:00 〜 17:00(LOフー
ド16:00、ドリンク16:30) 🔒
水曜 🚇地下鉄代々木公園駅1
番出口から徒歩1分

オリジナル
ブリオッシュ！

H eggslut 新宿サザンテラス店

エッグスラット
しんじゅくサザンテラスてん

MAP P.180 D-4
☎03-6773-0424 🏠渋谷区
代々木2-2-1 新宿サザンテラス
1F ⏰8:00 〜 21:00 🔒不定休
🚇新宿駅南口・新南口から徒歩
1分

フワッ トロッ

eggslut 新宿サザンテラス店の
左からベーコンエッグチーズサンド1045円、
フェアファックスサンド1045円、
チーズバーガー 1265円

サンドは季節商品含め8種類。濃厚な平飼
い卵やフランス産発酵バターを使用 🇭

アメリカンクラシック

I サラベス 東京店

サラベス とうきょうてん

MAP P.173 C-3
☎03-6206-3551 🏠千代田
区丸の内1-8-2 鉄鋼ビルディン
グ南館2・3F ⏰9:00 〜 22:00
(LO21:00) 🔒無休 🚇JR東京
駅八重洲北口から徒歩2分

サラベス 東京店の
フラッフィーフレンチトースト
1750円

ふわふわのフレンチトース
トをフルーツ＆メープルシ
ロップと共に。スイーツブ
レックファスト 🇮

朝食の女王

TOKYO TOPICS

朝から体を動かしたり、朝イチで観光スポットを効率よくめぐれば、充実した一日が過ごせます。

COFFEE

朝7時から営業！
コーヒーのワンダーランドへGO！

世界に6店舗しないSTARBUCKS RESERVE® ROASTERYのうちの1軒。ココでしか！の限定が充実し、ほかのスタバとは全く異なる世界が広がります。4階建ての建物まるまるスターバックスで、音や視覚を通してコーヒーのストーリーを身近に体験できる仕掛けもたくさん。

STARBUCKS RESERVE® ROASTERY TOKYO
スターバックス リザーブ ロースタリー トウキョウ

MAP P.184 D-1 ☎03-6417-0202 🏠目黒区青葉台2-19-23 ⏰7:00〜22:00 🔒無休 🚃各線中目黒駅西口から徒歩14分

> バリスタと相談しながらコーヒーを

`日本でここだけ!`
ロースタリー併設はココだけ!

1階メインバーでチェック!
◦ ロースタリーで飲み比べ
◦ 焙煎したての豆を購入
◦ オリジナルグッズを購入（ショップ限定アイテムも！）
◦ イタリアンベーカリーを堪能 e.t.c.

話題のNEW OPEN店の
コーヒーオンタップに注目!

シドニー発の「Single O」が焙煎所を移転したのに伴い、焙煎所の横にカフェをオープンしました。浜町の1号店で好評のコーヒーオンタップも導入。シングルオリジンをはじめとする4種類のコーヒーはセルフでタップから10秒！

Single O Ryogoku Roastworks/Café
シングル オー リョウゴク ローストワークス/カフェ

MAP P.168 E-2 ☎03-6240-4455 🏠墨田区亀沢3-21-5 ⏰10:00〜18:00 🔒月・火 🚃地下鉄両国駅A2出口から徒歩9分

`日本でここだけ!`
バーテンダーのカクテル

エスプレッソマティーニなどが楽しめる本格カクテルバーも（3階）

`日本でここだけ!`
アフタヌーンティー

期間限定不定期で午後に開催されるロースタリー パスティッチーニ フライト（2階）
※写真はイメージです

> 小網神社の御朱印、御朱印集めも楽しみ

🚶3分 240m
5 弁財天 水天宮
すいてんぐう
MAP P.172 F-4

🚶3分 220m
6 布袋尊 茶ノ木神社
ちゃのきじんじゃ
MAP P.172 F-4

🚶5分 400m
7 福禄寿 小網神社
こあみじんじゃ
MAP P.172 F-2

🚶4分 270m
Goal! **地下鉄人形町駅**

Start! **地下鉄小伝馬町駅**
🚶5分 350m

1 恵比寿神 椙森神社
すぎのもりじんじゃ
MAP P.172 F-5
🚶11分 750m

2 寿老神 笠間稲荷神社東京別社
かさまいなりじんじゃとうきょうべつしゃ
MAP P.172 F-3
🚶3分 240m

3 毘沙門天 末廣神社
すえひろじんじゃ
MAP P.172 F-3
🚶4分 290m

4 大国神 松島神社
まつしまじんじゃ
MAP P.172 F-4

朝イチでぐるりめぐれちゃいます！
日本橋七福神めぐりへいざ

SHRINES

室町時代から始まったといわれる七福神信仰。日本橋七福神めぐりは、すべて神社で構成され、巡拝距離が短いのが特徴。日本で一番、短時間に参拝できるとも。出発点は決まっていないので、訪れやすい場所からスタート！江戸下町の歴史ある日本橋を歩こう。

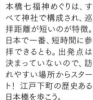
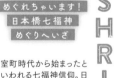

CHANOYU

©TOKYO TOWER

スカイウォークウィンドウ!

東京タワーで
茶道体験!?
朝は天空で
「朝茶の湯」を

東京タワー
とうきょうたわー

MAP P.178 E-4
→P.145 ◯公式サイトを確認、朝茶の湯は隔週土曜開催（要事前予約）￥3330円（メインデッキ展望料含む）

東京タワーの営業時間前、貸切の展望台に設営されたお茶席でお抹茶がいただけます。東京の朝の街を見下ろしながら都会の中心で贅沢な一服。朝の静けさが漂う空間で、心落ち着く時間が過ごせます。

YOGA

ホテル雅叙園東京
ホテルがじょえんとうきょう

MAP P.169 C-4 ☎03-5434-5260 🏠目黒区下目黒1-8-1 ◯ヨガは水・金曜の7:30〜8:30 ￥ビジター7000円（朝食付き）、宿泊客は無料

朝はアートを浴びながら
ヨガで心身を整える

和の心を堪能できる唯一無二のミュージアムホテル、ホテル雅叙園東京では、豪華絢爛な美術品に囲まれた和室宴会場ロビーでモーニングヨガを開催。感性を研ぎ澄ませながらヨガにチャレンジ!

東京観光に使える!!
乗り降り自由がうれしい
スカイホップバス

BUS

移動中だって
東京観光を満喫

開放感抜群の屋根なし2階建てバスで東京名所をめぐる乗り降り自由の観光路線バス「SKY HOP BUS」。専用パスを購入すれば、何度でも気軽に利用できます。3つのコースをフル活用して、1日のプランを考えるのも楽しい。

SKY HOP BUS
スカイ ホップ バス

MAP P.173 B-3 ☎03-3215-0008 🏠千代田区丸の内2-5-2 三菱ビル1F（チケットカウンター）◯コースにより異なる 🔒公式サイトを確認 ￥当日券4500円、2日券6500円 📍コースにより異なる

運行コース

各コースともに丸の内にある三菱ビルから出発し、各コースへの乗り継ぎもできます。

1_レッドコース
（浅草・東京スカイツリーコース）

2_ブルーコース
（東京タワー・台場エリア・築地・銀座コース）

3_グリーンコース
（新宿・渋谷コース）

アトラクション気分で♪

橋の下ギリギリ。スリリング!

真正面には国会議事堂

SPORT

一日のスタートは
新宿中央公園で
体を動かす!

新宿中央公園内にあるヨガスタジオやボルタリングジムをメインとしたアウトドアフィットネスクラブ。ビジターでも参加できるプログラムが充実しています。各種プログラムのスケジュールや料金は公式サイトで確認を。

PARKERS TOKYO
パーカーズトウキョウ

MAP P.181 A-3 ☎03-5339-3051 🏠新宿区西新宿2-11-5 新宿中央公園内SHUKNOVA 2F ◯7:00〜22:00（ランニングステーション最終受付21:00）、土・日曜・祝日8:00〜18:00（ランニングステーション最終受付17:00）◯2月第3火曜 📍地下鉄都庁前駅A5出口から徒歩1分

SIGHTSEEING

早朝ならここしかない!
豊洲市場見学&朝ごはん

築地から移転し新たな日本の台所に。マグロのせりを見たり、市場名物のお寿司や定食を食べたり、お楽しみいっぱい。

豊洲市場
とよすしじょう

MAP P.168 E-4 ☎03-3520-8205 🏠江東区豊洲6-6-1 ◯5:00〜17:00 🔒日曜・祝日・休市日 📍ゆりかもめ市場前駅から徒歩2分※マグロのせり見学は、公式サイトにて詳細を確認

「コーチ プレイ@キャットストリート」(→P.52)と「RK DONUTS」がコラボしたドーナツが美味。テイクアウトもできます。

TOKYO THE BEST TIME

AROUND

Noon

11:00 - 13:00

東京はまさにランチ天国。グルメを唸らせる名店から雰囲気抜群のおしゃれな話題店まで、選び切れないほど。ただ、12〜13時は満席でのんびりできないのでメインの時間をずらすのがおすすめ。ランチの時間帯は人気店でショッピングもアリです!

Dining 33
ダイニング 33

日本のフランス料理界の重鎮、三國清三氏がプロデュース。料理から器、しつらえ、サービスまで、"ジャポニゼ"の世界観を表現。新しい東京モダンが堪能できます。

(MAP) P.178 D-4
☎03-4232-5801 🏠麻布台ヒルズ (→P.78) 森JPタワー 33F
🕐11:00〜15:00 (LO14:00)、18:00〜23:00 (LO 22:00)
🔒不定休

予約OK!

東京タワーが目の前に!

東京湾の向こうに房総半島が見えることも

LUNCH MENU
コース
(アミューズ、スープ、魚料理、肉料理、デザート、小菓子、紅茶)
6600円 (サービス料別)
提供TIME
11:00 〜 15:00 (LO14:00)

BEST TIME
11:00

コスパ最強の名店揃いですから。

麻布台ヒルズランチは先手必勝!

名店&人気店が軒を連ねる最旬グルメスポット

ランチの席争奪戦が繰り広げられている麻布台ヒルズ。話題店ばかりなのに加え、コスパのいいお店が多いのも理由のひとつ。広い敷地内、お店探しに貴重な体力と時間を使うことがないよう、ランチは予約していくのがおすすめ。ランチ予約不可のお店は開店前に並んで1回転目に入店すればカンペキ。

1 天空で味わう極上フレンチ。メニューは季節ごとに内容が異なります 2 3 「Dining 33 Pâtisserie à la maison」を併設。ケーキや焼き菓子が並びます

★★★ Dining 33は森JPタワー 33階の好ロケーション。個室もあり、和室も1室あります。

044

ラシーヌといえば
焼きたてパン！

LUNCH MENU
リースサラダ
（自家製クロワッサン、
コーヒー or紅茶付き）
2800円（平日）
提供TIME
11:00 〜 15:00（LO14:00）

旬の野菜に魚介が
たっぷりトッピング

器にもこだわり、
季節にあわせ厳選

新鮮なネタと
丁寧な仕事が光る

LUNCH MENU
かるくおまかせ（90分制）
4800円
提供TIME
11:00〜、12:30〜、14:00〜

RACINES
ラシーヌ

予約OK！

人気レストラン「RACINES」の
旗艦店。ランチにはRACINES
のシグネチャーメニュー、リース
サラダが特別仕様で登場。ヘル
シーでボリュームも満点！

☎03-5544-9196 🏠麻布台ヒルズ タ
ワープラザ3F ⏰11:00〜15:00（LO14:
00）、15:00〜16:30（LO16:00）、
18:00〜22:00（LO 21:00）🔒施設
に準ずる

鮨 麻布
すし あざぶ

予約OK！

アメリカで1つ星を獲得した本格
江戸前鮨「AZABU」が初上陸。
ランチは3部制で、「かるくおま
かせ」の1コースのみ。握りや手
巻きを含め全14品ほど。

☎03-6459-1603 🏠麻布台ヒルズ タ
ワープラザ3F ⏰11:00〜15:30（LO
14:00）、17:30〜23:00（LOフード21:
00、ドリンク22:30）🔒不定休

ジューシーで
旨みたっぷり

あふれんばかりの
自家製バターソース

LUNCH MENU
らいむらいと風チーズハンバーグ
（ライス、サラダ付き）
1680円（200g）〜
提供TIME
11:00 〜 15:00（LO14:00）、
土・日曜・祝日〜
15:30（LO15:00）

パスタとメインは
数種からセレクト

季節を感じる
本日の前菜

予約OK！

LUNCH MENU
プリフィックスのコース
（前菜、パスタ、メイン、デザート、
コーヒー or紅茶）5000円
提供TIME
11:00 〜 14:30（LO）、
土・日曜〜 15:00（LO）

目指せ
1回転目

らいむらいと
麻布台ヒルズ店
らいむらいと あざぶだいヒルズてん

市ヶ谷の行列店でおなじみのス
テーキ処。一番人気は、オリジナ
ルソースで味わうハンバーグ。フ
レンチ出身のシェフが和風にア
レンジした肉料理が楽しめます。

☎03-6435-9040 🏠麻布台ヒルズ ガーデンプラザB B1F ⏰11:00〜15:00
（LO14:00）、17:30〜22:00、土・日曜・祝日11:00〜15:30（LO15:00）、
17:30〜22:00（LOフード各60分前、ドリンク各30分前）🔒月曜（祝日の場
合翌日）

Balcony by 6th
バルコニー バイシックス

有楽町の人気店が移転。グリー
ンあふれる開放的な店内や心
地いいテラス席で、ゆったり食
事ができます。アラカルトもあり、
名物のバスクチーズケーキも。

☎03-6459-1603 🏠麻布台ヒルズ タ
ワープラザ3F ⏰8:00 〜 23:00（LO
フード21:00、ドリンク22:00）🔒施設
に準ずる

6
7
8
9
10
11
12
13
14
15
16
17
18
19
20
21
22
23
0

浅草茶屋 たばねのし
あさくさちゃや たばねのし

職人手作りの水引がキラリ
抹茶香る和クレープ専門店

☎080-4998-2038 🏠豊洲場外
江戸前市場2F ⏰10:00～20:00

豊洲店限定!!

掛川抹茶ティラミス
990円

掛川抹茶ブリュレ
(苺・胡桃入り)990円

炭焼魚串 おにぎり
越後屋助五郎
すみやきさかなくし おにぎり えちごやすけごろう

豊洲市場仲卸直営
自慢の炭焼き魚串がズラリ

☎03-6204-9920 🏠豊洲場外 江
戸前市場2F ⏰9:00～22:00

紀州鮎塩焼きは
いかが?

いいだこ串
864円

江戸深川屋
えどふかがわや

深川めしがコロッケに!
豊洲海鮮せんべいも◎

☎03-5859-0065 🏠豊洲場外
江戸前市場2F ⏰10:00～
20:00

深川コロッケ(2個)
600円

冷めても
おいしい!

相馬水産
そうますいさん

目利き自慢の
旨いマグロならココ!

☎03-6228-2058 🏠豊洲場外
江戸前市場2F ⏰9:00～20:00

秘伝のタレも
美味!

中トロ串
800円

其の壱

BEST TIME
11:00
お江戸へGO!
行列上等! 千客万来、七の攻略

江戸前が味わえ、江戸湯で憩える話
題のスポットへ。これだけは!の7
つのすべきことをお伝えします!

食べ歩き満喫

豊洲市場隣接とあり新鮮な食
材を生かしたメニューが自慢。
レストランだけでなく、テイ
クアウトメニューにも注目!

其の弐

足湯で温泉気分

温浴棟8階には無料で楽しめる足湯
が! 箱根の源泉から直送している
温泉で足を浸しながら、のんびり東
京湾を一望できます。

江戸情緒たっぷり!

豊洲で多彩な食と温泉を堪能
豊洲 千客万来
とよす せんきゃくばんらい

2024年2月に誕生した商業棟の豊洲場外
江戸前市場と温浴棟の東京豊洲 万葉倶楽
部からなる施設。江戸風情も楽しい。

🗺 P.168 E-4 ☎03-3533-1515 🏠江東区豊洲6-5-
1 ⏰店舗により異なる 🈳無休 🚃ゆりかもめ市場前駅から
すぐ(ペデストリアンデッキで連結)

★ ★ ★ 東京豊洲 万葉倶楽部の屋上には360度パノラマが一望できる足湯も(入館料必要)。

ご飯やお酒が進む
珍味やダシが勢揃い

魚商 小田原六左衛門

さかなや おだわらろくざえもん

☎03-3520-9668 🏠豊洲場外 江戸前市場2F ⏰10:00～18:00

ワンハンドおつまみ各100円。
珍味は13種からセレクト

1 王様塩辛864円
2 サーモン帆立糀漬け734円 3 雲丹醤油1080円

其の参

自慢の鮪を好きなだけ♪

厳選鮮魚を含む約50種のバイキングメニューがズラリ。国産生本マグロは必食。

海鮮バイキング70分（ドリンクバー付き）
6820円～

広々ゆったり和の空間
マグロの解体ショーも開催！

海鮮バイキング いろは 豊洲

かいせんバイキング いろは とよす

☎050-1731-0263 🏠豊洲場外 江戸前市場3F ⏰9:00～16:00（最終入店15:00）

其の六

おみやげを選ぶ

老舗が誇る海産食品やお菓子、和雑貨など、千客万来を訪れた記念にぴったりなアイテムなど、ショッピングもできます。

日本のよいものを発信！
縁起物が集まります

豊洲えんぎもの

とよすえんぎもの

1 "和"の商品を揃える 2 千客万来に行ってきましたプリントクッキー 900円 3 マグロの切り身クッション2200円

☎03-5534-8918 🏠豊洲場外 江戸前市場2F ⏰10:00～18:00

其の四

利き酒でほろ酔い

コイン式サーバー

気軽に日本酒が楽しめる酒スタンド。利用法はカプセル自販機で5コインとお猪口が入ったカプセルを購入。5コインで5杯飲めます（1回2000円）。

全国各地約30種類の
日本酒を飲み比べ

豊洲のみよし

とよすのみよし

☎03-5534-8918 🏠豊洲場外 江戸前市場2F 10:00～18:00

其の七

忍者or侍になる！

本格衣装を身に纏い、忍者や侍の殺陣体験や撮影が可能。女流剣士が歴史的知識、基本の構え、型などを教えてくれます。

衣装を纏い
本格的殺陣を体験

不動夢幻流 神風錬道場

ふどうむげんりゅう じんぷうれんどうじょう

☎050-5538-7250 🏠豊洲場外 江戸前市場1F お祭り広場横 ⏰9:30～16:00 🔒水曜 💰1万5000円～（着替え込み60分）

ご指南いたします

我々がご指南いたします

其の五

泊まるのもアリ！

箱根・湯河原の名湯に浸かりながら、ゆったり。手ぶらで立ち寄れるのも◎。

絶景とともにひとっ風呂

露天風呂、岩盤浴、リラクゼーション、客室などが一堂に

東京湾を望む都心の温泉郷

東京豊洲 万葉倶楽部

とうきょうとよす まんようくらぶ

☎03-3532-4126 🏠東京豊洲 万葉倶楽部2～RF ⏰24時間 💰大人3850円、深夜料金（3時以降）3000円

パンのお供は、自家製イチ
ゴジャムとオリーブオイル、
ワンハンドレッド専用のふ
わふわのバターを

季節の食材をふんだん
に使用した一品料理『フ
レーバーティーは20分
に1回サーブ

flour+water 虎ノ門
フラワーアンドウォーター とらのもん

中目黒の人気ベーカリー「flour+water」の姉妹
店。パンと一品料理を選び、さらにフリーの紅茶付
きというコスパ最強ブランチに連日大行列。ドライ
フラワーに彩られたシャビーシックな店内も素敵。
MAP P.178 E-2 ☎03-6206-7980 🏠港区虎ノ門2-6-1
虎ノ門ヒルズ ステーションタワー 4F ◎10:00～23:00、日
曜・祝日～22:00（LO各1時間前）🚪無休 🚇地下鉄虎ノ門
ヒルズ駅直結

AROUND
Noon
11:00-13:00

MENU
BRUNCH 1980円
パン4つ＋デリサラダ・少なめパスタ・
スープから1品＋ティーフリーサービス
（90分制）
提供TIME
10:00 ～ 14:00

パンはリベイクしてサー
ブ。加水率100%
のもちもちパン、ワン
ハンドレッドはぜひ！

パンは15種類からセレクト！
ラインナップは毎月変更

パンがおいしいはマスト♡

BEST TIME
11:00

パン党必訪のブランチ4選

東京の人気ベーカリーに併設するカフェはブランチもハイレベル。パンはも
ちろん、お料理も見逃せません。腹ペコで出かけましょう。

お持ち帰り♡

2

1 大きめの天使の
クロワッサン367円
2 アールグレイとオ
レジのハンドレッド
691円（1斤）など、
オリジナル食パンも
人気

★ ★ ★ flour+water 虎ノ門のブランチはパン3つ＋デザートのティラミスに変更も可能。

おまかせパン＋デリ，デリはショーケースの中から好きなデリまたはスモールスープを選べます

MENU
デリプレート（4種）
1400円～
提供TIME
8:00 ～ 19:30

MENU
サーフ&ターフブランチ
2450円
提供TIME
7:30 ～ 15:00

パンは日替わりとパン オショコラかクロワッサンが選べます。メインはハム，サラミORサーモン

長崎里道の生あおさが香る人気の一品。残ったこのスープを合わせればボリューム満点

MENU
日替わりスープ611円，
あおさの塩パン346円
提供TIME
8:30 ～ 18:00

breadworks
天王洲
ブレッドワークス　てんのうず
天王洲運河沿いの倉庫をリノベーションしたベーカリーカフェ。毎日50～60種焼き上げるパンやデリが人気。広々とした店内のほか，風が爽やかなテラス席でくつろげます。
MAP P.168 D-4
☎03-5479-3666
🏠品川区東品川2-1-6
🕐8:00 ～ 20:00
無休　🚉東京モノレール天王洲アイル駅中央口，りんかい線天王洲アイル駅B出口から徒歩5分

お持ち帰り♡

1 オリーブ240円。オリーブたっぷり，ワインとの相性も抜群　**2** 発酵クロワッサン280円。バターがリッチに香りザクザクの食感

ル・パン・コティディアン
芝公園店
ル　パン　コティディアン
しばこうえんてん
ベルギー発のオーガニックベーカリーレストラン。バラエティ豊かなパンや体に優しいメニューが味わえます。プレートにチーズや半熟卵などがのったブランチも評判。
MAP P.178 E-4
☎03-6430-4157
🏠港区芝公園3-3-1
🕐7:30 ～ 21:00（LO 20:00）🈳無休　🚉地下鉄御成門駅A1出口から徒歩2分

お持ち帰り♡

1 ピスタチオナッツがたっぷり。ピスタチオ タルト590円　**2** パン オショコラ301円。クロワッサン生地の中にチョコレート！

UNIVERSAL
BAKES AND CAFE
ユニバーサル　ベイクス　アンド　カフェ
100％ヴィーガンのベーカリーカフェ。一日を通して約30種類のパンが焼き上がります。焼きたてパンのほか，フレンチトーストや日替わりスープなどのカフェメニューも。
MAP P.185 A-3
☎03-6335-4972
🏠世田谷区代田5-9-15　🕐8:30 ～ 18:00
🈺月・火曜（祝日の場合は営業）🚉小田急線世田谷代田駅西口から徒歩1分

お持ち帰り♡

1 メロンパン380円。クッキー生地からはココナッツの香り　**2** クロワッサン380円。マカダミアナッツがおいしさの秘密

今行きたい
しのくぼはココ！

今流行っているもの新大久保にあります！

韓流ブームのたびに進化を続けてきた新大久保。今やソウル発の最新情報が集まる街として、韓国好きだけでなく、トレンドセッターも訪れる人気タウンに。土日の午後などは、ソウルの明洞や弘大のような盛り上がりをみせ、大にぎわい。人気店はお昼前からアプローチし、めぐるのがおすすめです。ワッペンワークにトライしたり、本場顔負けグルメを堪能したり、今、流行っているものをぎゅぎゅっと凝縮してフルコースで楽しみましょう。

ハングルのワッペンも♡

マイワッペンづくりは1枚からOK

A

世界にひとつだけのグッズが作れる！

ワッペンワーク

A My fave
マイフェイブ

月の洞窟イメージをした真っ白な空間でワッペンワーク！ワッペンは韓国直輸入からオリジナルまでバラエティ豊富。自分で描いたイラストを取り込み、オリジナルワッペンが作れちゃうサービスも（事前予約推奨）。

MAP P.181 B-1
☎なし 🏠新宿区大久保1-7-18 レインボービル1F ⏱10:00～20:00（最終入店19:30）🗓無休 🚃東新宿駅B3出口から徒歩4分

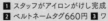

1 スタッフがアイロンがけし完成 2 ベルトネームタグ660円 3 ワッペンの金額は1枚110円～ 4 5 キャップ1100円やコーデュロイショルダー1320円などベースアイテムも充実

★ ★ ★ ワッペンワークの基本はお店でベースアイテムとワッペンを選び、レイアウト。会計後、アイロンで接着。

050

伝統菓子を今のスイーツにアレンジ

カフェ

D BAM BI COFFEE
バムビコーヒー

淡いカラーのインテリアに囲まれたナチュラル系カフェ。銅板で焼くインジョルミパンケーキ1540円やよもぎラテクリーム759円など韓国らしいスイーツは要チェック。

MAP P.181 B-1
☎03-6205-9929 🏠新宿区大久保1-14-26 🕐11:00～22:30（LOパンケーキ21:00、ほか22:00）🚪無休 🚉地下鉄東新宿駅B1出口から徒歩5分

きな粉餅にナッツやシードがたっぷりのシアッイインジョルミ1045円

韓国発の人気イイダコ鍋店

韓国グルメ

B ホンスチュクミ 新宿本店
ホンスチュクミ しんじゅくほんてん

韓国式イイダコ専門料理店。甘辛ソースで炒めたプリプリのイイダコ（チュクミ）はまさに韓国の味。エゴマの葉と大根で包んで召し上がれ。すぐ近くに2号店も！

MAP P.181 A-2
☎03-6278-9365 🏠新宿区百人町1-5-24 🕐11:00～23:00（LOフード22:00、ドリンク22:30）🚪不定休 🚉JR新大久保駅から徒歩6分

1 チュサム1人前2200円 **2** アルマニチャーハン（中）880円。とびこ（アル）がたっぷり

オレオとロータスクッキーをON

サムギョプサルとチュクミのチュサム！

D B
E C

親切な接客もうれしい♪

店内にはアートも

のんびりできるヴィンテージカフェ

カフェ

E ROZI coffee
ロジ コーヒー

寮として利用されていた築60年の建物をリノベーション。アンティークのインテリアを配した落ち着いた空間で、外の喧騒が嘘のよう。

MAP P.181 A-1
☎なし 🏠新宿区大久保2-32-6 🕐11:00～19:00（LO18:30）、土曜～21:00（LO20:30）🚪無休 🚉JR新大久保駅から徒歩4分

1 ヤッカサンド各682円。ピスタチオ、チョコ、ナッツの3種類 **2** 新大久保の路地にあるカフェ

韓国最新コスメをチェック

コスメ

C イロハニ

オーナーが実際に試したおすすめアイテムがズラリ。日本未上陸ブランドも多く、なかでもフェイスマスクのバリエがすごい！

MAP P.181 A-1
☎070-5368-2481 🏠新宿区百人町1-9-12 🕐10:00～21:00 🚪不定休 🚉JR新大久保駅から徒歩3分

Abib Mild acdic.左からゆず、ハニー、ドクダミ各330円

倍楽しい！

1
2

スタンプをゲットし
MAPを完成させて！

入店時にもらえるMAP
とコイン。MAPはスタン
プ集めに、コインはゲー
ムなどで大活躍します。

キャットストリートから
インスピレーションを
得たキラキラネオンサ
インがお出迎え

BEST TIME
12:00

かわいいが大渋滞！

コーチプレイ
@キャットストリート
が楽しすぎるっ！

原宿の新名所として話題のスポットへ。
館まるごとフォトジェニックで、エント
ランスからわくわくが止まりません。

エントランス前のタピートラックが目印！
コーチプレイ@キャットストリート
NY発、世界中で愛されているブランド「COACH」
の体験型コンセプトストア。館内は五感で楽しめる
魅力的なスポットが満載。ショップ限定アイテムも！
MAP P.175 B-3 ☎03-5962-7964 ♦渋谷区神宮前6-14-5
♦11:00 〜 20:00（カフェLOフード19:00、ドリンク19:30、
テイクアウトLO19:30）♦不定休 ♦地下鉄明治神宮前〈原宿〉駅
6番出口から徒歩6分

★・★・★ カフェで販売している新キャラ "Lil Miss Jo" のアイテムもお忘れなく。

052

COACH CREATE
CREATE IT. WEAR IT. SHARE IT

レザーエキスパートの技を目の前で!

4TH FLOOR
THE COACH COFFEE SHOP by RK DONUTS
レトロアメリカンなカフェでブレイク

カスタム&リメイクができる!

3TH FLOOR
COACH CREATE

パーツは1つ1500円〜
ヴィンテージパーツも

1 ミックスベリーティーソーダ 750円 2 ラテ600円 3 軽井沢の人気店「RK DONUTS」とコラボしたドーナツ各650円

店内のバッグに加え、愛用のコーチのバッグを持ち込みリメイクも可

バッグに加え、ウエアやジュエリー、シューズも

2TH FLOOR
READY-TO-WEAR
MEN'S AND DENIM
THE JEWELRY SHOP
最新コレクションをチェックする!

タビーがズラリラインナップ豊富!

フィッティングルームの中もめちゃカワ♡

1TH FLOOR
THE TABBY SHOP
アイコンバッグTABBYをGETする

Coachtopia

新ブランドコーチトピアのコレクション

循環型ものづくりの世界をのぞく

フォトブースも!フレームがユニーク!

PHOTOS

B1TH FLOOR
COACHTOPIA
ACTIVITY ROOM

053

BEST TIME

12:00

お台場→浅草。約50分の船旅

プチトリップなら
水上クルーズに決まり！

真っ白な船内。
全面ガラス張りです

船室後部には
カワイイ丸窓も！

水の上から見る東京
名所もたくさん登場！

旅気分を盛り上げるなら水上バスがおすすめです。TOKYO CRUISEはお台場と浅草を結び、さまざまなルートを運航。今回は、近未来的な宇宙船イメージの「EMERALDAS」をセレクト。乗り込んだらすぐ展望デッキへ。爽やかな潮風をあびながら、東京湾を360度一望。レインボーブリッジを過ぎると、どんどん街が近づいてきます。隅田川へ入る手前で展望デッキタイムは終了（安全面から）、船内へ移動します。川を進む船内は目線が低いので、見える景色も新鮮。隅田川に入ってからのハイライトは個性豊かな13の橋。その姿を間近で眺め、真下すれすれをくぐっていきます。館内アナウンスを聞きながら東京名所を眺めているうちに浅草に到着。そのまま浅草観光へGO！

東京名所3点セット
が見えてきたらゴールは近し！

★ ★ ★ 船内では、松本零士氏作品「銀河鉄道999」「クイーンエメラルダス」のキャラクターによる観光アナウンスが楽しめます。

054

\ Start ! /

振り返り、ザお台場の景
色を眺めながらいざ出発

目の前にはレイン
ボーブリッジ！ 下
をくぐります

佃大橋の下を
通過します!!

天井もクリアなので、橋の真
下を眺めることができます

日の出桟橋手前あたりから東
京タワーが見えてきます！

Goal!

浅草に到着！ お江
戸観光に繰り出し
ましょう

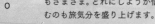

ship info

EMERALDAS
エメラルダス

☐ 2018年デビュー

☐ 松本零士氏デザイン

☐ 「ヒミコ」「ホタルナ」に
続く3代目

☐ 座席指定ができる
コンパートメントを新設

TOKYO CRUISE
トウキョウ クルーズ

東京名所を船から眺める

東京湾や隅田川のクルーズが楽
しめます。運行ルートにより船
もさまざま。どれにしようか悩
むのも旅気分を盛り上げます。

MAP P.168 E-4
☎ なし 🏠 港区台場1-4-1（お台場海浜公
園乗り場）⏰ 🔒 詳細は公式サイトを確認
💴 エメラルダス（お台場海浜公園→浅草）
2000円 🚉 ゆりかもめお台場海浜公園
駅・台場駅から徒歩5分

買い物も食事もできちゃう

使い勝手も居心地も抜群の複合空間カフェ

タイムレス＆ボーダレス！
個性派揃いのアイテムたち

GREEN SHOP ①

CAFE ②

SHOP ③

①持ち帰りしやすいミニサイズの多肉植物なども ②ヘルシーな日替わり定食 1430円 ③食器や古家具、民藝品など、年代や地域の異なるさまざまなプロダクトが集まっています ④ショップと混在するようにカフェスペースが

CAFE ②

MARKET ①

ミナ ペルホネンの世界観に
包まれながら過ごすひととき

天井のテキスタイル
もミナ ペルホネン

東京らしさ満開のおしゃれな複合空間が増えています。食事後にギフト選び、待ち合わせしながらショッピングはいかが？

BISTRO ②

BISTRO ①

元銀行をリノベーションした
スタイリッシュな空間がおしゃれ！

①②創作フレンチが味わえる「yen」。ランチはランチコース4400円〜、平日限定ランチセット2800円。写真の料理はイメージ ③お花アイテムはギフトに最適 ④昼はカフェ、夜はバーに ⑤コーヒー豆などの販売も

★★★ BANK内のビストロやカフェで使用している食器は「coin」で扱っているのでチェック！

CASICA

カシカ

新木場のカルチャー発信地

古い倉庫をリノベーションした空間には、ショップやギャラリー、スタジオなどが。併設の食堂&カフェ「Arkhē apothecary & kitchen」では薬膳ランチも楽しめます。

MAP P.168 F-4

☎食堂&カフェ 03-6457-0827、ショップ03-6457-0826 🏠江東区新木場1-4-6 ⏰11:00 〜18:00（LO17:30）🔒月曜（祝日の場合翌日）、第2・4火曜 📍各線新木場駅から徒歩4分

CAFE **4**

おいしく整える
体に優しい食堂

call

コール

のんびり時間が流れる癒やし空間

心地よい暮らしを提案する「ミナ ペルホネン」の直営店。ショップのほか、厳選食材を揃えるマーケット、カフェ「家と庭」などが一堂に。カフェにはテラス席も。

MAP P.174 D-4

☎03-6825-3733 🏠港区南青山5-6-23 SPIRAL 5F ⏰11:00 〜20:00、家と庭11:00 〜19:00（LOフード18:00、ドリンク18:30）🔒施設に準ずる 📍地下鉄表参道駅B1出口から徒歩1分

SHOP **5**

CAFE **3**

SHOP **4**

1毎朝届く新鮮野菜からワインや食材まで **2**インテリアの一部やクッションもミナ ペルホネンのテキスタイル **3**和牛と野菜から選べるカレーライス1320円 **4**ショップではアパレルのほか、国内外の作家による食器なども販売 **5**手作り用に布の購入もできます

BANK

バンク

食&ライフスタイルの複合空間

ベーカリー「bank」、ビストロ「yen」、フラワーショップ「fete」、コーヒーバー&ショップ「coin」が同居。店名などが兜町らしくお金にちなんでいるのもユニーク。

MAP P.172 E-3

☎非公開 🏠中央区日本橋兜町6-7 兜町第七平和ビル1・B1F ⏰bank8:00 〜18:00、coin8:00 〜21:30、yen11:30 〜14:30、18:00 〜21:30、fete11:00 〜18:00 🔒水曜、feteは火・水曜 📍地下鉄茅場町駅10番出口から徒歩3分

COFFEE BAR
&SHOP **4**

FLOWER SHOP **3**

ドライフラワーや
アロマグッズが人気

5

🎁 フルーツポンチ
4050円(箱入り)
(日持ち 製造から5日)
10種類以上の新鮮フルーツが大瓶にたっぷり入っています

レトロな包装紙とリボンもかわいい

B

BEST TIME
12:00

お取り寄せ不可、現地調達せよ!

東京みやげ達人に俺はなる!

オンラインで何でも注文できる昨今。そんななか、あえて足を運んで、自分の目で確認して購入したい東京名物をセレクト。

パッケージも素敵

🎁 カヌレ・エシレ
2506円(4個入りセット)
(日持ち 当日中)
WEB予約(店頭渡し)はひとり2点、17時からの店頭販売はひとり1点の数量限定

バターが豊かに香るリッチなベイクの数々

サブレサンドは全3種各368円。ミルキーなバタークリームをサンド

C

🎁 花椿ショコラ
3024円(10個入り)
(日持ち 製造から10日)
ヴァーニュ、フランボワーズなど10フレーバーのボンボンショコラ

Chocolats "HANATSUBAKI"

ここでしか買えない本店限定商品が充実!

A

AROUND Noon 11:00-13:00

プディング オ エラーブル
1個432円。リボン付きの5個セットも

C

エシレ・パティスリー オ ブール 東急フードショーエッジ店
エシレ・パティスリー オ ブール
とうきゅうフードショーエッジてん

エシレ バターの魅力をお届け

フランス産A.O.P.認定発酵バター「エシレ」のお菓子専門店。焦がしバターの香り高いカヌレ・エシレのほか、店内で焼き上げるフィナンシェ・エシレも人気。

MAP P.176 D-4 🚫非公開 渋谷区渋谷2-24-12 渋谷スクランブルスクエア ショップ&レストラン1F ⏰施設に準ずる 🚪各線渋谷駅B6出口直結

B

近江屋洋菓子店
おうみやようがしてん

古き良き洋菓子店

1884(明治17)年創業の老舗。昔ながらの手作りスイーツが長く愛されています。2021年には、クラシックな雰囲気はそのままに店内をリニューアル。

MAP P.168 D-2 ☎03-3251-1088 🏠千代田区神田淡路町2-4 ⏰9:00～19:00、日曜・祝日10:00～17:30 🈚無休 🚇地下鉄淡路町駅、小川町駅A3出口から徒歩2分

A

資生堂パーラー 銀座本店ショップ
しせいどうパーラー
ぎんざほんてんショップ

銀座を代表する老舗

銀座中央通り沿い、銀ブラ途中の寄り道におすすめです。ラグジュアリーな雰囲気の店内には、銀座本店ショップ限定商品も豊富。

MAP P.171 C-4 ☎03-3572-2147 🏠中央区銀座8-8-3 東京銀座資生堂ビル1F ⏰11:00～20:30 🈚無休 🚇地下鉄銀座駅A2出口から徒歩7分

老舗ならではの高級感が漂います

★★★ 東京銀座資生堂ビルは1872(明治5)年、資生堂が創業した地に建っています。

058

日替わり7種セット
2000円前後
（日持ち 当日中）

仙台味噌の紫蘇巻き、コ
コナッツとレモンピール
など斬新なおはぎも

美しさに見惚れる
フォトジェニックおはぎ

タケノとおはぎ

紫陽花。
季節のおはぎ

プティフールセック缶
5000円
（日持ち 出荷日より21日）

11種類の色とりどりのクッ
キーたち。日本酒が香るサ
ブレなど大人な味わいも

ホテルメイドの
オリジナル焼き菓子がきらめく

F　D

ポケットサイズが便利な
丸の内店限定パッケージ

8PCS BOX 993円
No.1から8まで8種（8
粒入り）。パッケージ
は3種類

MARUNOUCHI BOX
993円
（日持ち 製造から
2週間～1カ月）

塩、八丁味噌、黒糖、
宇治抹茶の4種（8
粒入り）。和が堪能
できるセット

スイートジャー
各810円
（日持ち 当日中）

季節限定含め常時3～6
種。定番人気はピスタチ
オルージュとプリン

持ち運びも安心！
グラスジャースイーツ

G　E

G
NUMBER SUGAR
丸の内店

ナンバーシュガー まるのうちてん

フレーバーが充実！

一粒一粒手作業で作る無添
加のキャラメルはやわらか
な口溶けで濃厚な味わい。
スタイリッシュなパッケー
ジもおしゃれ。丸の内店限
定商品もあります。

MAP P.173 A-5　☎03-6812-
2959　千代田区丸の内3-4-1 新
国際ビル1F　⏰11:00～19:00　無
休　地下鉄有楽町駅D3出口直結

F
パレスホテル東京
ペストリーショップ
スイーツ＆デリ

パレスホテルとうきょう
ペストリーショップ スイーツ＆デリ

ロングセラースイーツが多数

スイーツからデリ、パンまでが
揃います。プティフールセック
缶は予約、取り置き不可。ひと
り2点まで（販売場所詳細は
公式サイトで確認を）。

MAP P.173 A-2　☎03-3211-5315
千代田区丸の内1-1-1 パレスホテ
ル東京B1F　⏰10:30～19:00（プ
ティフールセック缶の販売は水・土
曜のみ）　無休　地下鉄大手町駅
C13b出口より地下通路直結

E
アンダーズ 東京
ペストリー ショップ

アンダーズ とうきょう
ペストリー ショップ

ギフトに最適な逸品揃い

ペストリーシェフが手掛ける
旬のフルーツを使ったデザー
トやチョコレート、焼き菓子な
どが並びます。どれも美しく多
彩なラインナップ。

MAP P.178 E-2　☎03-6830-
7765　港区虎ノ門1-23-4 虎ノ門
ヒルズ森タワー1F　⏰10:00～
19:00（LO18:45）　無休　地下
鉄虎ノ門ヒルズ駅B1出口直結

D
タケノとおはぎ
世田谷本店

タケノとおはぎ せたがやほんてん

個性豊かな進化系おはぎ

工房で手作りするおはぎは、
定番のこしあん、つぶあん
に加え日替わりの全7種類。
味や食材の組み合わせが斬
新な楽しいおはぎばかり。

MAP P.169 B-4　☎03-6805-
6075　世田谷区用賀3-5-6 アー
ニ出版ビル1F　⏰12:00～18:00
（売り切れ次第閉店）　月・火曜
東急田園都市線桜新町駅西口から
徒歩8分

ランチのセットビールはかなりお得!!

A dam brewery restaurant
ダム ブルワリー レストラン

クラフトビール醸造所併設のブルワリーレストラン。フレッシュなビールとフィッシュ＆チップスをはじめスパイスの効いた料理が人気。

☎03-3528-8581 ⏰11:00～23:00、日曜・祝日11:00～22:00（LOフード各1時間前、ドリンク各30分前）🚪無休

MENU
・damフライドフィッシュ
（サラダ＋パンorライス付き）
900円
・ランチ限定セットドリンク
ビール **＋450円**
※ランチメニューは11:30～15:00限定

駅前広場「ステーションアトリウム」

T-MARKET

トラのもん、と写真をパチリ

©藤子プロ
©森ビル

TORANOMON HILLS

お昼は爽やかな雰囲気

AROUND *Noon* 11:00-13:00

名店の味を気軽に♪

BEST TIME 13:00

虎ノ門ヒルズの"シン"フードホールへ潜入せよ!

レストランとフードホールのいいとこどりのT-MARKET。ランチはぐっとカジュアル＆お得に利用できるので、まずはランチに訪れてみて。地下鉄直結なのも便利すぎです。

B CRAZY PIZZA TORANOMON
クレイジー ピザ トラノモン

名店「DonBravo」によるピザ専門店。レストランスタッフが本気で考えたこだわり満載のマヨコーンなど、絶品ピザばかり。挽きたて全粒粉や玉ねぎエキスなどが効いた生地もチェック！

☎03-6268-8009 ⏰11:00～15:30、17:00～23:00、日曜・祝日11:00～15:30、17:00～22:00（LO各1時間前）🚪火曜

MENU
LUNCH
山利のシラスとマヨコーン
（ハーフ＆ハーフ）
2750円

MENU
LUNCH
マルゲリータ
1210円

職人が焼き切る
香りと旨みが引き立つ
ピザにメロメロ

食を中心とした街のサードプレイスに

T-MARKET
ティーマーケット

2023年10月にオープンしたフードホール。約3000㎡のスペースに27店が集結。充実したサービス、各店の個性が光る内装や緑あふれる共有スペースなど、通いたくなる居心地のよさです。

MAP P.178 E-2
☎店舗により異なる 🏠港区虎ノ門2-6-1 虎ノ門ヒルズ ステーションタワー B2F ⏰店舗により異なる 🚪無休 🚇地下鉄直結虎ノ門ヒルズ駅直結

★★★ 地下鉄銀座線虎ノ門駅からも直結していますが少し離れています。

060

プレートのおばんざいをつまみに
昼飲みもできちゃう

STATION ATRIUM

パブリック
テーブル

D A

C

E B

F

Information

エレベーター

MENU
Ukéプレートランチ
（おばんざい盛り合わせ／
すまし汁／ご飯／甘味）
2600円

C Uké
ウケ

「NOMURA SHOTEN」オリジナルのビアティスト飲料「ノッピー」やタップカクテルがおすすめ

話題店を手掛ける西恭平シェフが新しい形の居酒屋をオープン。フレンチの技法を使うなど、ジャンルレスな料理が評判。ヴィンテージのインテリアに囲まれた空間で大人の時間を楽しんで。
☎03-6205-8899 ◉11:00 ～ 14:30（LO14:00）、17:00 ～ 22:00（LOフード21:00、ドリンク21:30）🔒月曜

T-MARKET Tips
☑ 利用法は2種類
☑ Ⓐ各店舗専用の席orⒷパブリックテーブルを利用
☑ Ⓐはまず席を確保（ランチタイム）
　→席にあるQRを読み取りスマホからオーダー
　→調理完了メールが届いたら各店舗へ受け取りに
　→食後はサービスステーションへ自身で返却
☑ パブリックテーブル不可のお店もあるので注意！

D 立喰すし魚河岸 山治
たちぐいすしうおがし やまはる

1貫〜でもコースでもOK！
ハイコスパの立喰いすし

魚河岸「山治」初の鮨店。メニューは「鮨 つきうだ」の大将が監修。ネタが光る旨い鮨を気軽に味わえます。注文はカウンターのタブレッドから。
☎03-6205-4788 ◉11:00 ～ 14:30、17:00 ～ 23:00、日曜・祝日11:00 ～ 14:30、17:00 ～ 22:00（LOランチ各30分前、ディナー各1時間前）🔒月曜

MENU
おまかせにぎり8貫（10品）
1700円

写真はイメージ

ステーキのような肉肉しい
ジューシーなパティ

MENU
サルサアボカドチーズバーガー
（フレンチフライ付き）
1980円
セットドリンク　レモネード
＋220円

E DOLCE TACUBO CAFFE
ドルチェ タクボ カフェ

人気イタリアン発
パティスリーにカフェが！

イートインでは、プティフール4種盛り合わせ1800円などを提供。テイクアウトドルチェのソフトクリームは季節により変わります（800円～）。
☎03-6807-3990 ◉11:00 ～ 23:00、日曜・祝日11:00 ～ 22:00（LO各1時間前）、ショップは11:00 ～ 20:00 🔒無休

F Builders
ビルダーズ

ブロックで仕入れたUS産ビーフは部位ごとにカットを変え、丁寧に脂を除きパティに。自家製オリジナルソースとの相性も抜群でボリューム満点！
☎03-6206-7601 ◉11:00 ～15:00（LO14:30）、17:00 ～22:00（LO20:00）🔒月曜

8
9
10
11
12
13
14
15
16
17
18
19
20
21
22
23
0

061

BEST TIME
13:00
東京イチクールな注目タウン
おさんぽするなら
兜町 がハズさないワケ

歴史ある金融の街が
クールな街へ変貌

再活性化が進行中の日本橋兜町。2020年に東京証券取引所の裏手にマイクロ複合施設「K5」が誕生して以来注目を集め、2022年に食の複合ショップ「BANK」がオープンし、さらに進化が止まらない街として話題に。株価がうなぎ上りするように証券マンがゲン担ぎに訪れたという鰻店を改装したビールスタンドで、土・日曜のおさんぽ途中に一杯やるもよし、街の歴史が感じられるスポットを満喫しよう。

上質を極めた客室は全20室

A A

HOTEL K5 レセプション

ボタニカルな空間

B

クラシカルな西洋建築

コーヒー好きが日常的に通う

B SWITCH COFFEE TOKYO K5
スイッチ コーヒー トーキョー ケイファイブ

目黒、代々木八幡に店舗を構える人気コーヒーショップの3号店。季節ごとにベストな産地の豆を仕入れ、個性を引きだして丁寧に焙煎したシングルオリジンが6〜7種揃います。
MAP P.172 E-2
☎なし ⏰K5 1F ⏰8:00〜17:00 ❌無休

ハンドドリップで淹れる
FILTER COFFEE1000円〜

兜町でホカンスを満喫

A K5
ケイファイブ

大正時代の建築物をリノベーションした小規模複合施設。スタイリッシュなデザインブティックホテルに加え、レストランやコーヒースタンド、ビールホールなど高感度な店が集結。
MAP P.172 E-2
☎03-5962-3485 ⏰中央区日本橋兜町3-5 ⏰店舗、施設により異なる ⏰地下鉄茅場町駅10番出口から徒歩3分

★ ★ ★ ホカンスはホテルでの滞在を目的にバカンス気分を味わう新しい旅のスタイルです。

名シェフによるベーカリー

D bank
バンク

パティスリー「ease」と「teal」を展開する大山恵介氏がプロデュース。ミシュランの星付きレストランでシェフパティシエを務めた大山氏ならではの創作パンがズラリ。
→P.56

1 全粒粉パンのあんバター 400円 **2** 発酵バターを使ったクロワッサン 400円 **3** シグネチャーのサワードゥ BANK950円（ハーフ）

歴史的建造物でスイーツタイム

C teal
ティール

渋沢栄一の旧邸宅跡地に建設された「日証館」の1階を改装。クラシカルな雰囲気にひたり、食感や素材の掛け合わせにこだわったチョコレートと自家製ジェラートを。
→P.87

ジェラート ダブル756円 フレーバーは季節替わり

元銀行を改装

カカオを感じるチョコムース

D C
F E

焼き菓子も豊富

歴史ある元鰻店で一杯

F Omnipollos Tokyo
オムニポヨス トウキョウ

老舗鰻店の築約70年の木造建築を再生した空間に、ストックホルム発のクラフトビールスタンドがアジア初進出。世界中を魅了する独創的な味わいにビールの概念が覆される。

MAP P.172 E-3
☎なし ◆中央区日本橋兜町9-5 ◯16:00〜23:00、土曜13:00〜23:00、日曜・祝日13:00〜21:00 ◻無休 ◯地下鉄茅場町駅10番出口から徒歩2分

一面青の幻想的な空間

マンゴーラッシーなど多彩な味が揃うビールはグラス700〜1900円

感動に満ちた唯一無二のお菓子

E Pâtisserie ease
パティスリー イーズ

大山恵介氏がこだわり尽くした多彩なお菓子が並ぶパティスリー。数々の名店で培われた発想や独自の感性から生まれる品々は、見た目の美しさも味わいも洗練の一語。

MAP P.172 E-2
☎03-6231-1681 ◆中央区日本橋兜町9-1 ◯11:00〜18:00（LO17:00）◻水曜 ◯地下鉄茅場町駅 11番出口から徒歩3分

1 アマゾンカカオのシュークリーム **2** アマゾンカカオのティラミス。素材の風味が濃厚

異国の雑貨を探しに

実際に手にとって選べる幸せ

東京に数ある雑貨店の中でも、海外の雑貨を専門に扱うお店をピック。その国の歴史や文化を映す雑貨を前に、しばし心のトリップを。

FINLAND
フィンランド

1973年に誕生したデザイン！

ARABIAのエステリ ベース13cm 6600円

フルッタ ピッチャー1L クリア 2万2000円

カステヘルミ タンブラー ペア リネン 5500円

アルヴァ・アアルト コレクション ベース160mm クリア 2万7500円

ARABIAのスンヌンタイ。マグ3850円、ボウル17cm 5720円など

イッタラ 表参道ストア
イッタラおもてさんどうストア

北欧デザインのパイオニア

フィンランド発のライフスタイルブランド、イッタラの旗艦店。機能的でタイムレスなデザインの商品が一堂に揃います。華やかなデザインで人気の、アラビアの商品も見逃せません。

MAP P.175 C-4

☎03-5774-0051 ⌂渋谷区神宮前5-46-7 GEMS青山クロス1F ◷11:00～20:00 🔒不定休 ◉地下鉄表参道駅B2出口から徒歩4分

色使いがかわいい SOWDEN BOTTLE0.35L、0.5L各7700円～

シンプルながら存在感のあるデザイン

DOT CUSHION SOFT 各2万900円

HAY TOKYO
ヘイトウキョウ

デンマーク発インテリアプロダクトブランド

国内初の旗艦店。「HAY」の世界観が楽しめる幅広いラインナップのプロダクトを展開。

MAP P.175 B-3

☎03-6427-9173 ⌂渋谷区神宮前5-10-1 GYRE B1F ◷11:00～20:00 🔒不定休 ◉地下鉄表参道駅A1出口から徒歩4分、地下鉄明治神宮前〈原宿〉駅4番出口から徒歩3分

DENMARK
デンマーク

シルエットが美しい AAC22 5万9400円。カラーも豊富

軽量なのに安定感も！

持ち運びに便利なハンドル付きのサイドテーブルDLM 4万1800円

★ ★ ★ オンライン購入もできますが、店舗にしかないものも多数。スタッフさんと相談しつつ選べるのも。

一点一点ハンドペイント
全8色！

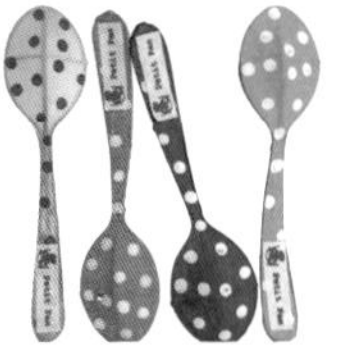

galerie doux dimanche

ギャラリー・ドゥー・ディマンシュ

一点もののアーティスト作品も

フランスのクリエイターの作品やインテリア雑貨を中心にセレクトしたギャラリーショップ。

MAP P.174 D-2

☎03-3408-5120 🏠渋谷区神宮前3-5-6 ⏰12:00〜18:00 🔒月曜 📍地下鉄表参道駅A2出口から徒歩5分

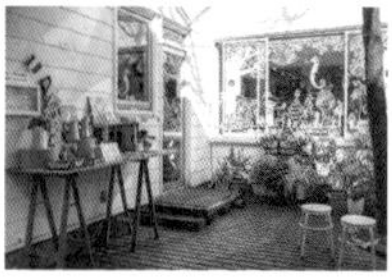

yumi kitagishiの リフレクターキーホルダー 各880円

photos：hisashi_tokuyoshi

FRANCE

フランス

petit panのオブジェ スプーン8本セット 7920円

5匹の犬（バリィヌ）たち

マナー・アセナの はりこーシカ 招き犬5500円

333

バーバーバー

ベトナムの昔と今が凝縮

ベトナムを中心にアジア雑貨を集めたセレクトショップ。希少性の高い品やオリジナルが充実。

MAP P.169 C-4

☎03-6412-8866 🏠目黒区鷹番3-18-3 ⏰11:00〜19:00 🔒水曜 📍東急東横線学芸大学駅西口から徒歩3分

メイドインタイランド

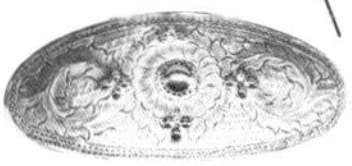

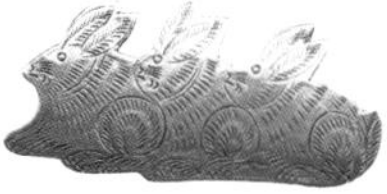

ニッケルバレッタ 2420〜3300円

ベトナムの幻の民芸品

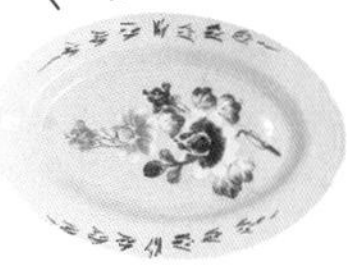

ソンベ焼きオーバルプレート6380円

VIET NAM

ベトナム

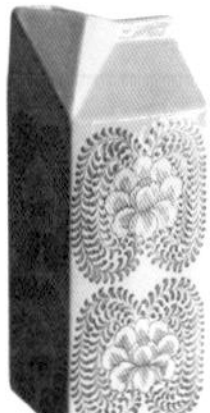

ミルクパック花瓶L サイズ1万7600円

ニューバッチャン焼きのレンゲ 各1320円とミニボウル2200円

伝統的なベトナムの布デス

333オリジナルエコバッグ5280円

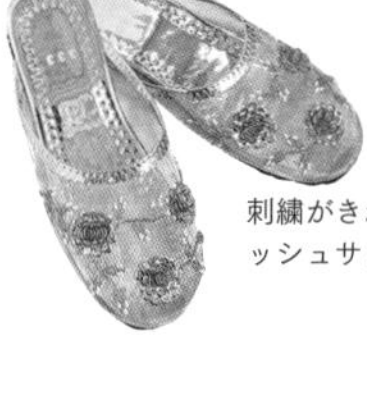

刺繍がきれいなベトナムメッシュサンダル3300円

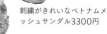

ルーロー飯セット1300円。副菜3品付き

ルーロー飯
魯肉飯

台湾ローカル食堂の新スタイル
押競満寿
オシクラマンジュ

「Little Nap COFFEE」オーナーの濱田さんがプロデュースし、台湾料理家のりてこさんが料理を監修。パティシエが手作りする台湾カステラなどもおすすめ。

MAP P.176 E-1
☎03-6804-7256 🏠渋谷区元代々木町25-5 1F 🕐9:00〜16:00(LO)、土・日曜〜15:30(LO)、金曜9:00〜16:00(LO)、18:00〜23:00 🏠月曜
📍小田急線代々木八幡駅から徒歩5分

BEST TIME 13:00

台湾へのトキメキが止まりません
おいしくてかわいい台湾を東京で

旅先として不動の人気を誇る台湾。東京には現地へ行かなくとも満喫できるお店がたくさん！本場顔負けグルメも揃うので要チェック！

台湾ビール！

猫形のパイナップルケーキ

パイコーファン
排骨飯

豚肉ロースカツのパイコー飯定食1200円

猫愛あふれる台湾料理カフェ
猫米
マオミィ

台湾出身の店主が作る本場の台湾料理が楽しめます。1960年代の台湾の平家をイメージした内外装も素敵。レトロなインテリアのそこかしこに猫モチーフが！

MAP P.169 B-3
☎03-6804-8099 🏠世田谷区北沢4-17-7 🕐11:30〜15:30、土・日曜・祝日〜19:00 🏠火・水曜
📍京王井の頭線下北沢駅西口から徒歩8分

★★★ 台湾でおなじみの肉のおかずがのったご飯といえば、魯肉飯と鶏肉飯と排骨飯！

066

トッピングもできます

プレーン豆花（生姜シロップ）550円

豆花
（トウファ）

7種以上から選べるトッピング豆花800円

昔ながらの製法で手作り
東京豆花工房
トウキョウマメハナコウボウ

都内初の豆花専門店として2015年にオープン。以来、豆花の魅力を多くの人に広めてきた。毎朝豆腐店から仕入れる豆乳を使い完全無添加で仕込んでいます。

MAP P.168 D-2
☎03-6885-1910 🏠千代田区神田須田町1-19 ⏰11:30〜19:00 休水曜 地下鉄小川町駅A3出口から徒歩3分

胡椒餅
（フージャオビン）

サクサクの胡椒餅528円。コショウとネギがたっぷり

鹹豆漿550円。濃厚な豆の風味が感じられます

胡椒餅は窯焼き!!
四ツ谷一餅堂
よつやいっぴんどう

国産大豆100%、優しい味わいの自家製豆漿（豆乳スープ）や本場さながらに窯で焼く胡椒餅が人気。手作りの台湾のお菓子もおすすめです。テラス席でぜひ。

MAP P.168 D-3
☎03-6709-9223 🏠新宿区四谷1-17-81F ⏰9:00〜18:00（17:00以降はテイクアウトのみ）休月・木・日曜 各線四ツ谷駅1番出口から徒歩5分

魯肉飯もおすすめ!

台湾コーヒー

台湾産コーヒー800円。茶杯で飲むスタイル

ガトーショコラ550円。台湾産カカオを使用

台湾産コーヒー専門店
美麗 MEILI
メイリー

希少な台湾コーヒーが味わえるカフェ。高雄や台南の農家から直接仕入れたフレッシュなコーヒー豆を丁寧に焙煎し淹れるコーヒーは濃厚かつフレッシュな味わい。

MAP P.169 B-3
☎03-6304-3106 🏠世田谷区赤堤4-45-17 ⏰11:00〜19:00(LO18:30) 休不定休 各線下高井戸駅東口から徒歩3分

台湾バーガー

蛋餅
（ダンビン）

饅頭で角煮やピーナッツ粉、高菜などをサンド。660円

注文を受けてから作り、もちもちの食感！550円〜

台湾ローカルグルメが集結
合作社 高田馬場店
がっさくしゃ たかだのばばてん

数多くの台湾式の小吃を現地のレシピに基づき研究。古くから親しまれているローカルグルメを提供しています。メニューは30種類以上と豊富なのもうれしい。

MAP P.169 C-2
☎03-6265-9586 🏠新宿区高田馬場1-4-18 馬渕ビル1F ⏰12:00〜21:30、日曜〜19:00 休無休 地下鉄西早稲田駅2番出口、高田馬場駅7番出口から徒歩3分

エビや鶏肉などが見えるよん♪

山盛りのパエリアパン♪

SPAIN

マドリード発、スペイン王室御用達の老舗グルメストアのレストラン。アツアツのひとりランチパエリアが人気C

Mallorcaの
マヨルカ ミックスパエリア
（タパス／サラダ付き）2350円

U.S.A.

黄身がとろ〜り

egg 東京の
エッグロスコ
1760円

オリジナルのブリオッシュに平飼いの有精卵とホワイトチェダーをのせて焼き上げています D

シャキシャキの葱

米麺

ほろほろの牛肉

PHO THIN TOKYO
新宿店の牛肉のフォー
990円

ベトナムにある大人気店の門外不出のフォーが日本初上陸。コクと旨みにハマる人続出 A

もちもち麺

THAILAND

新宿ランブータンがリニューアルオープン。大人気の生麺パッタイはもちもち食感 E

新宿ランブータンの
パッタイランチ（サラダ、スープ、デザート付き）
1100円、土・日曜・祝日はビュッフェランチのみ

U.S.A.

大ボリューム!

チェダーチーズ

THE COUNTER
六本木のカスタムバーガー
6oz1590円〜

カリフォルニア生まれのハンバーガーレストラン。パティやチーズの種類、トッピングなどを選び、自分好みにカスタムできます B

クランベリー

今日、何食べる？

MY BEST

昼ごはん

世界屈指のトレンドタウン東京なら、いながらにして、世界のグルメが楽しめちゃいます。旅行気分で本場の味めぐり！

VIETNAM

AROUND *Noon* 11:00-13:00

E	D	C	B	A
新宿ランブータン しんじゅくランブータン	**egg 東京** エッグ とうきょう	**Mallorca** マヨルカ	**THE COUNTER** **六本木** ザ・カウンター ろっぽんぎ	**PHO THIN** **TOKYO 新宿店** フォーティン トーキョー しんじゅくてん

 新宿ランブータン
しんじゅくランブータン
MAP P.180 D-3
☎03-5367-5666 新宿区新宿3-26-13 新宿中村屋ビル7F ◎11:00〜15:30（L15:00）無休 各線新宿駅A6出口直結

 egg 東京
エッグ とうきょう
MAP P.185 B-4
☎03-5957-7115 豊島区東池袋1-18-1 Hareza Tower 1F ◎10:00〜21:00（LO20:00）施設に準ずる 各線池袋駅東口から徒歩5分

 Mallorca
マヨルカ
MAP P.169 B-5
☎03-6432-7220 世田谷区玉川1-14-1 二子玉川ライズS.C. テラスマーケット2F ◎9:00〜22:00（LO21:00）※ランチは11:00〜15:00（LO）無休 各線二子玉川駅から徒歩4分

 THE COUNTER
六本木
ザ・カウンター ろっぽんぎ
MAP P.179 B-2
☎03-5413-6171 港区赤坂9-7-4 東京ミッドタウン ガレリアB1F ◎11:00〜23:00（LO22:00）不定休 地下鉄六本木駅8番出口直結

 PHO THIN
TOKYO 新宿店
フォーティン トーキョー
しんじゅくてん
MAP P.181 C-1
☎03-6279-2454 新宿区西新宿7-9-13 石川ビル1F ◎11:00〜21:00 無休 各線新宿駅西口から徒歩5分

068

HAWAII

**HEAVENLY Island Lifestyle 代官山の
ヘブンリーズ・ロコモコ
1760円**

十穀米やオーガニック野菜、オーガニックレンズ豆など、食材にこだわるロコモコ[I]

国産黒毛
和牛100%

リッチな一皿

ベイクド
チャーシューバオ

HONG KONG

**添好運 日比谷店の
ベイクド チャーシューバオは
3個880円**

蒸物、揚物、米粉春巻き、粥、ちまき、野菜料理、デザートと香港の味がズラリ。全部食べたい！[H]

ベイクド チャーシューバオ

各国の人気グルメが集合！
"66" **世界の美味に夢中** "99"

**渋谷マムズタッチのサイバーガー
520円（セットは850円）**

韓国の人気バーガー＆チキンブランドの海外直営1号店。店内で衣を付け揚げるチキンがサクサクジューシー[G]

トリモモ肉
使用

KOREA

もちもちの
フレッシュパスタに
特製ソースがよく絡む

ITALY

選べる前菜のひとつ
茄子のポルペット

**リナストアズ表参道 の
PRANZO DA LINA
（前菜・パスタ・ドリンクのプリフィックス）
2800円**

ロンドン発人気イタリアンの国外初旗艦店。シグネチャーのフレッシュトリュフとパルミジャーノ タリオリーニなどパスタは店内で手作り[J]

FRANCE

**Buvetteの
クロックマダム
1870円**

フランスの家庭料理が楽しめます。クロックムッシュの上に目玉焼き、生ハムをオン。チーズ、ベシャメルソースと相性抜群[H]

プロシュート
たっぷり♡

J
リナストアズ表参道
リナストアズおもてさんどう
MAP P.174 D-4
☎03-6427-3758 ⌂港区北青山3-10-5 スプリングテラス 表参道1F 11:00〜23:00(LO22:00)、デリカテッセン11:00〜22:00 ※PRANZO DA LINAの提供は11:00〜17:00 ⌂地下鉄表参道駅B2出口から徒歩1分

I
添好運 日比谷店
ティム・ホー・ワン
ひびやてん
MAP P.171 B-2
☎03-6550-8818 ⌂千代田区有楽町1-2-2 日比谷シャンテ別館1F 10:00〜22:00(LO21:15) ⌂無休 ⌂地下鉄日比谷駅A4出口から徒歩1分

H
Buvette
ブヴェット
MAP P.171 B-1
☎03-6273-3193 ⌂千代田区有楽町1-1-2 東京ミッドタウン日比谷 1F 11:00〜22:00(LO21:00)、土・日曜・祝9:00〜 ⌂無休 ⌂地下鉄日比谷駅地下直結

G
渋谷マムズタッチ
しぶやマムズタッチ
MAP P.177 C-3
☎03-6712-7160 ⌂渋谷区神 南1-23-13 B1〜2F 10:00〜22:00 ⌂無休 ⌂JR渋谷駅 ハチ公口から徒歩3分

F
HEAVENLY Island Lifestyle 代官山
ヘブンリー アイランド ライフスタイル だいかんやま
MAP P.184 E-2
☎03-6416-9385 ⌂渋谷区猿楽町24-7 2F 10:00〜22:00、土・日曜・祝8:30〜 ⌂無休 ⌂東急東横線代官山駅東口から徒歩3分

069

TOKYO TOPICS [NOON]

お昼から午後は、東京観光のゴールデンタイム！観光に買い物にグルメ！アクティブにいきましょう！

BREAD & DOUNUT

今一番並ぶベーカリー
平子シェフが手掛ける人気店詣！

トレンドの仕掛け人、「アマム ダコタン」オーナーシェフの平子良太氏から目が離せません。福岡発人気ベーカリー「アマム ダコタン」の東京進出以降、生ドーナツブームの火付け役「I'm donut ?」、アマム ダコタンのアナザーブランド「dacō」などを続々とオープン。行列に参加して、人気の秘密を確かめてみて。

I'm donut ?

AMAM DACOTAN
表参道
アマム ダコタン おもてさんどう

渋谷店は80種類が大集合

MAP P.174 D-4 ☎03-3498-2456 🏠港区北青山3-7-6 ◎11:00 ～ 19:00（売り切れ次第閉店）❌不定休 🚇地下鉄表参道駅B2出口から徒歩2分

dacō

2024年 7 月、中目黒に3号店がオープン

OASIS

オシャレすぎる
大人の植物園が渋谷に

実は夜もステキです

"育てて食べる"コミュニティ型植物園。吹き抜けのガラスドームには、生い茂る植物の中に、フルーツの植栽もたくさん。併設カフェでは、園内で栽培している野菜を使ったメニューなどが楽しめます。

カフェレストランもあり！

渋谷区ふれあい植物センター
しぶやふれあいしょくぶつセンター

MAP P.184 F-1 ☎03-5468-1384 🏠渋谷区東2-25-37 ◎10:00 ～ 21:00（最終入園20:30）、カフェは11:00 ～ 15:00（LO14:30）、17:00 ～ 21:00（LOフード20:00、ドリンク20:30）❌月曜（祝日の場合は翌日）💴100円（カフェ利用も入園料必要）📍JR渋谷駅新南口から徒歩7分

SHIBUYA

100年に一度！？の
再開発まっただ中です！

渋谷駅周辺は、近年続々と大型商業施設が誕生。2024年7月には、渋谷と青山をつなぐ"青渋"エリアに「渋谷アクシュ」がオープン。パブリックアートに彩られた広場や新業態、初出店の飲食店など見どころ満載です。2023年から順次オープンしている「渋谷サクラステージ」も注目。桜丘エリアの"めぐり歩いて楽しいまち"で、最先端のデジタルインフラも取り入れています。施設直結、桜丘エリアのアクセスに便利な新改札口も誕生しました！

渋谷駅東口、渋谷ヒカリエの隣接地！

渋谷アクシュ
（SHIBUYA AXSH） 青渋
しぶやアクシュ

MAP P.176 D-4 ☎なし 🏠渋谷区渋谷2-17-1 ◎🚇店舗・施設により異なる 📍地下鉄渋谷駅ヒカリエ改札から徒歩1分

餃子の店おけ以は2025年オープン予定

桜丘

渋谷サクラステージ
しぶやサクラステージ

MAP P.177 C-5 ☎なし 🏠渋谷区桜丘2-3 ◎🚇店舗・施設により異なる 📍JR渋谷駅新南改札から徒歩1分

≋セサミストリート≋

TM and © 2023 Sesame Workshop

SESAME STREET MARKET
セサミストリートマーケット

(MAP) P.185 C-5
☎03-5810-2931（カフェ直通）🏠豊島区東池袋3-1 サンシャインシティ専門店街アルパ1F ⏰10:00 ～ 21:00（LO00:00）🚪施設に準ずる 🚉地下鉄東池袋駅6・7番出口から徒歩3分、各線池袋駅東口35番出口から徒歩8分

≋ミッフィー≋

© Mercis bv

miffy café tokyo
ミッフィー　カフェ　トーキョー

(MAP) P.184 E-2 ☎非公開 🏠渋谷区代官山町19-4 ⏰8:30 ～ 21:05（最終入店19:45）⏰80分入替制 🚪不定休 🚉東急代官山駅中央口から徒歩1分

CAFE

午後は推しキャラに囲まれティータイム！

大好きなキャラクターの世界にプチ没入はいかが？世界で唯一のセサミストリートのオフィシャルストアではショッピングだけでなくカフェも楽しめます。また、ミッフィーの絵本がテーマのカフェもおすすめ。ブルーナの絵本の世界観にほっこりします。

（吹き出し）歌舞伎観劇デビューはココで

歌舞伎座
かぶきざ

KABUKI

(MAP) P.170 E-4 ☎03-3545-6800 🏠中央区銀座 4-12-15 💴①公演により異なる※一幕見席は約500 ～ 2000円※詳細は公式サイトを確認 🚉地下鉄東銀座駅3番出口直結

気軽に伝統芸能を楽しんで！

歌舞伎観劇なら歌舞伎座へ。好きな演目だけを気軽に楽しめる一幕見席（当日券の自由席あり）も。短時間でリーズナブルに観劇できおすすめです。寄席を楽しむなら浅草演芸場へ。特別興行以外は一日中楽しめ、途中入場もできるのでふらっと立ち寄るのもアリ（当日券のみ）！

YOSE

浅草演芸ホール
あさくさえんげいホール

(MAP) P.183 B-2 ☎03-3841-6545 🏠台東区浅草1-43-12 ⏰11:40 ～ 21:00 🚪無休 💴大人3000円 ※特別興行は料金、営業時間が異なる 🚉つくばエクスプレス浅草駅A1出口から徒歩1分

（吹き出し）365日公演中！

お子様ランチ発祥の地で大人のお子様ランチを発見！

LUNCH

かつてデパートの上階にあった"お好み食堂"の魅力を受け継ぎます。御子様洋食1430円は小学生以下限定ですが、大人も注文できる大人様洋食4180円が評判。上質食材の洋食メニューの数々がワンプレートに。

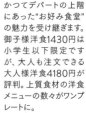

カフェ & レストラン ランドマーク

(MAP) P.172 D-2 ☎03-3231-6820 🏠中央区日本橋室町1-4-1 日本橋三越本店 新館5F ⏰11:00 ～ 19:00（LO18:30）🚪施設に準ずる 🚉地下鉄三越前駅地下直結

ヱビスビール発祥の地でビールを学び味わう！

2024年4月にオープンしたヱビスのブランド体験拠点。自由見学を楽しんだら、タップルームで一杯。期間限定や数量限定を含むヱビスが楽しめます（有料）。事前予約制のガイド付きツアー1800円も。

BEER

YEBISU BREWERY TOKYO
ヱビス ブルワリートウキョウ

(MAP) P.184 F-3 ☎03-5423-7255 🏠渋谷区恵比寿4-20-1 恵比寿ガーデンプレイス内 ⏰12:00 ～ 20:00、土・日曜・祝日11:00 ～ 19:00（LOは各30分前）🚪火曜（祝日の場合は翌日）🚉JR恵比寿駅東口から徒歩5分

TOKYO THE BEST TIME

IN THE

Afternoon

14:00 - 17:00

午後は、ショッピングに加え、カフェをハシゴ
したり、スイーツに溺れたりと盛りだくさん。
のんびり派ならサウナでととのう、動物たち
と触れ合うなど、穏やかな時間を挟むのも◎。
やりたいことを効率よくスケジューリングし
て徹底的に楽しんじゃおう！

隠れ家のような「THIN GS 'N' THANKS」（→P.104）にはお宝がたくさん。窓の向こうに見えるのは隅田川に架かる厩橋

染みる理由

「ホットケーキ」
美しい完璧なルックスと
しっとりやわらかな生地

東京とは思えない
極上のオアシスへ

活気にあふれた東京だからこそ、喧噪を忘れさせてくれるスポットでは格別な贅沢感が味わえます。「ウエスト青山ガーデン」も都会の真ん中で静けさに浸れる優雅な場所のひとつ。緑に囲まれたガーデンテラスやエレガントな室内ラウンジでいただけるのは、注文を受けてから焼くふわふわのホットケーキや、併設の菓子工房でひとつひとつ丁寧に作られたケーキなど。約20種類から選べるケーキセットにはテイクアウトできない喫茶限定のケーキもあり、どれにしようかと悩む時間さえ優雅で幸せ。静寂のガーデンで、甘いものを前に乙女心を開花させましょう。

★★★ ウエスト青山ガーデンでは、エアウェイトシステムにより喫茶室の順番待ち状況は自分のスマホで確認できます。

ショートケーキはイチゴがおいしい季節限定

染みる理由

「ホスピタリティ」

脈々と継承されている
心地いい質の高い接客

ケーキセットは飲み物代＋440円

染みる理由

「クラシカル」

一流ホテルを思わせる
品のある室内ラウンジ

テーブルが広めの間隔で配置されゆったり

1 ショーケースにはパティシエ
が手作りしたケーキが並びます
2 ウエストといえばおなじみの
ドライケーキも種類豊富

ウエスト青山ガーデン
ウエストあおやまガーデン

老舗洋菓子店の喫茶室

銀座本店の昭和モダンな雰囲気
とはひと味違う空気感の中で、青
山ガーデン限定メニューのホッ
トデザートなどが味わえます。

(MAP) P.179 A-2

☎03-3403-1818 🏠港区南青山1-22-
10 ◷11:00〜20:00(LO19:30) 🔒無
休 ♥地下鉄乃木坂駅5番出口から徒歩3
分

染みる理由

「春夏秋冬」

四季の移ろいを感じる
贅沢なガーデンテラス

緑あふれるテラス席は避
暑地にでも来たかのよう

075

おみやげにも自分のごほうびにもこれさえあれば！

私的、大本命おやつを教えます！

甘い系からしょっぱい系まで。人気店の看板メニューや話題の一品をピックアップ！

A　I'm donut？中目黒
アイムドーナツ？なかめぐろ

中目黒駅の目の前にあるスタンド
I'm donut？の1号店はココ。ふわふわ＆とろける生ドーナツの秘密は、高加水生地を低温長期発酵させた生地。ローストしたカボチャを練り込み高温で揚げています。

MAP P.184 E-2
☎なし 🏠目黒区上目黒1-22-10 🕘09:00〜20:00（売り切れ次第閉店）🈺不定休
📍各線中目黒駅東口から徒歩1分

B　赤坂おぎ乃 和甘
あかさかおぎの わかん

和の伝統に洋をプラス
ミシュラン1つ星の「赤坂おぎ乃」店主が手掛けるスイーツ店。店舗で職人が一枚一枚手焼きするふわふわしっとり生どらやきが人気。

MAP P.178 E-2
☎03-6205-8611 🏠港区虎ノ門2-6-1 虎ノ門ヒルズステーションタワー B2F T-MARKET 🕘11:00〜20:00 🈺施設に準ずる 📍地下鉄虎ノ門ヒルズ駅直結

C　オザワ洋菓子店
オザワようがしてん

人気の街の洋菓子屋さん
看板商品のイチゴシャンデは、生クリームと瑞々しいイチゴ、クッキー生地をパリッとしたチョコレートで包んだお菓子。

MAP P.168 D-2
☎03-3815-9554 🏠文京区本郷3-22-9 🕘10:30〜18:00（ケーキがなくなる次第終了）🈺日・月曜 📍地下鉄本郷三丁目駅2番出口から徒歩7分

D　SOBAP グランスタ東京店
ソバープ グランスタとうきょうてん

楽々持ち帰りクレープ
店内で手作りする手のひらサイズのそば粉クレープが話題。シーズナルメニュー含め最大18種、スイーツ系から惣菜系までをラインナップ。

MAP P.173 C-3
☎なし 🏠千代田区丸の内1-9-1 JR東京駅構内1Fグランスタ東京 🕘8:00〜22:00、日曜・祝日〜21:00（翌日が休日の場合は22:00まで）🈺無休 📍JR東京駅構内

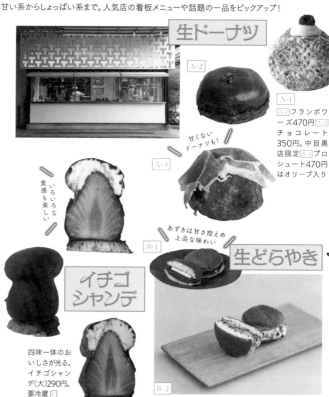

生ドーナツ

甘くないドーナツも！

A-1 フランボワーズ470円
A-2 チョコレート350円。中目黒店限定 A-3 プロシュート470円はオリーブ入り

いろいろな食感も楽しい

あずきは甘さ控えめ上品な味わい

生どらやき

イチゴシャンデ

四味一体のおいしさが光る。イチゴシャンデ（大）290円。要冷蔵 🔲

B-1 生どらやき あずき生クリーム1個490円
B-2 生どらやき あずきマスカルポーネ1個490円

手みやげには別送ギフトBOXも

カレーの香りに食欲 UP！

ソバープ

D-1 タンドリーチキン410円 D-2 メロンとカスタード350円。旬の国産メロンを使用※内容は時期などにより異なります

IN THE Afternoon 14:00-17:00

★★★ SOBAPは人気店「AMAM DACOTAN」「I'm donut？」のオーナーシェフ平子さんが監修。

ベイク

バナナブレッド 450円。ひと晩おいてしっとりさせても E

ネコの形がかわいい♡

ナッツがゴロゴロと入ったキャロットケーキ450円 E

にゃんころうのショートブレッド 600円(1袋) E

ココア生地の帽子が目印!

チョコレート×パン

カカオが香るショコラティエのカレーパン453円 F

コロネ(ショコラ)453円。チョコレートカスタードの中にはチョコレートバーが F

フィナンシェ

翌日はリベイクして!

G-1 手みやげ用にオリジナルの"わっぱ"S330円〜も G-2 焼きたてフィナンシェ1個238円

G-1

G-2

お団子

伝統レシピをもとに現代風にアレンジ

スタイリッシュなDANGO各210円〜。上からこしあん、みたらし、くるみ味噌 H

E Sunday Bake Shop
サンデー ベイク ショップ

イギリスの本格焼き菓子が充実
朝から焼きたてベイク目当てで訪れる人が絶えない行列店。コーヒーやアイスクリームのテイクアウトもあります!
MAP P.169 C-3
☎なし 🏠渋谷区本町6-35-3 ⏰7:30〜18:00、木・土曜〜15:00、日曜〜17:00、火曜8:00〜15:00 🈺月曜 📍京王線幡ヶ谷駅北口から徒歩5分

F GODIVA Bakery ゴディパン 本店
ゴディバベーカリー ゴディパン ほんてん

世界初!ゴディバのベーカリー
ショコラティエが日本の菓子パン、惣菜パンを新解釈したパンが並びます。チョコレートやカカオの魅力が光る独創的なパンがたくさん。
MAP P.171 C-1
☎03-6665-7916 🏠千代田区有楽町2-10-1 東京交通会館ビル1F ⏰11:00〜20:00 🈺施設に準ずる 📍各線有楽町駅京橋口から徒歩1分

G noix de beurre 新宿伊勢丹店
ノワ・ドゥ・ブール しんじゅくいせたんてん

焼きたて作りたてのお菓子
1日に10回から15回に分けて焼き上げる焼きたてフィナンシェが大人気。カリッと香ばしくバターがじゅわっとあふれます。
MAP P.180 E-3
☎03-3352-1111(大代表) 🏠新宿区新宿3-14-1 伊勢丹新宿店本館B1F ⏰10:00〜20:00 🈺施設に準ずる 📍地下鉄新宿三丁目駅B3・B4出口から直結

H 和菓子 楚々 日比谷OKUROJI店
わがし そそ ひびやオクロジてん

和菓子のテイクアウト専門店
新しい和菓子のスタイルを提案。1つずつ個装されたお団子はおみやげにもぴったり。
MAP P.171 B-3
☎03-6205-7174 🏠千代田区内幸町1-7-1 日比谷OKUROJI内 ⏰11:00〜20:00 🈺第1月曜 📍JR有楽町駅日比谷口から徒歩6分

TOWER PLAZA

タワー
プラザ

中央
広場

麻布台ヒルズ
あざぶだいヒルズ

多様な都市機能を集約

約35年の月日をかけて、ついに2023年11月に誕生した麻布台ヒルズ。約8.1ヘクタールもの広大な区域にはオフィス、住宅、商業施設、文化施設、教育機関や医療機関などが集まります。

MAP P.178 D-4　☎03-6433-8100　🏠港区麻布台1-3-1、他　🕐施設により異なる　🔒無休　地下鉄神谷町駅5番出口直結、地下鉄六本木一丁目駅2番出口から徒歩4分

1 美しい麻布台ヒルズアリーナ
2 森JPタワーの低層部　3 中央広場には果樹園や菜園も

緑に包まれ、人と人をつなぐ
広場のような街へ

森ビルが手掛ける新しいヒルズとあって、開業前から楽しみにしていた人も多いのでは。約150店舗が集まる商業エリアや、桜麻通りに連なるハイブランドショップ、お台場から移転オープンしたチームラボなど、話題は尽きません。数々の魅力があるなか注目したいのが圧倒的な緑。敷地の1／3に近い約2万4000㎡が緑地です。地下鉄直結で外に出なくても楽しめますが、緑あふれる地上もぜひ。施設中心にある中央広場は都会のオアシス！

★ ★ ★ 2024年現在では、高さ約330mを誇る森JPタワーが日本一高いビルです。

極上のひとときが過ごせる天空のレストラン「**Dining 33**」(→P.44)

\ アートなら /

麻布台ヒルズギャラリーや森ビル デジタルアート ミュージアム：エプソンチームラボボーダレスなど文化施設が充実。パブリックアートめぐりも◎。
「森ビル デジタルアート ミュージアム：エプソンチームラボ ボーダレス」(→P.122)は大人気

チームラボ《人々のための岩に憑依する滝 》©チームラボ

\ ランチなら /

世界に誇るトップクラスレストランから使い勝手のよいカジュアルラインまで。人気店ばかりなので事前予約可能なお店がおすすめ。

ココをチェックして！

ショッピングや食事＆お茶などはタワープラザ、ガーデンプラザ、レジデンスへ。

\ マーケットもお忘れなく /

初出店、初業態など話題性抜群の日本を代表する34店舗がラインナップ。食文化の宝庫！

麻布台ヒルズ マーケット
あざぶだいヒルズ マーケット
☎03-5544-9636 🏠ガーデンプラザ 1・B1F
⏱10:00 ～ 20:00(一部の店舗は異なる)

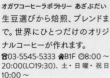

イートインもできるお店など34の専門店が集まります

`和 グロッサリー`

だし尾粂 麻布台店
だしおぐめ あざぶだいてん
自由に組み合わせる「オーダーメイドだしパック」が人気。
☎03-6426-5501 🏠B1F
⏱10:00 ～ 20:00

オガワコーヒー ラボラトリー 麻布台
`ビーンズ サロン`
オガワコーヒーラボラトリー あざぶだい
生豆選びから焙煎、ブレンドまで。世界にひとつだけのオリジナルコーヒーが作れます。
☎03-5545-5333 🏠B1F ⏱8:00 ～ 20:00(LO19:30)、土・日曜・祝日 10:00 ～

\ おみやげ探しなら /

ガーデンプラザを中心に手みやげやギフトにぴったりなアイテムが勢揃い。名店揃いで、麻布台ヒルズだけの限定品なども。

紅茶専門店「**ティーポンド**」の、ティーバッグが2つ入ったティーフォートゥ(Tea for Two)。1個399円～

はちみつ専門店「**ラベイユ**」のはちみつコンフィチュールいちご。110g 1296円、巾着は275円

ヴィーガンチョコレートが評判の「**ショウダイビオナチュール**」のペタルマニフィーク。120g 6400円

「**エシレ・ラトリエ デュ ブール**」オリジナルのバターリッチなヴィエノワズリや焼菓子。クロワッサンは1個540円～、小さいサイズのクグロフは1個864円

\ コーヒーブレイクなら /

のんびりできるカフェや便利なスタンドまで人気店が集結。アラビカはタワープラザ4階とガーデンプラザB地下1階の2店舗あり！

京都の人気店が東京初上陸。「**アラビカ東京** 」のカフェラテ、抹茶ラテ各600円～

CIRTY FLOWERS

ロスフラワーを主に取り扱っています

フォレストゲート代官山 TENOHA棟に誕生したサーキュラーエコノミーの拠点

A

プラントベースの料理を提供。ソイミートボウル＋セットスープ1640円

CIRTY CAFE

BEST TIME
14:00

東京おしゃれタウンの代表格！

代官山アップデート！

緑が多く爽やかな代官山エリアのお散歩はいかが？ 話題の新店から外せないお店まで、訪れたいお店をセレクトしました。

IN THE *Afternoon* 14:00-17:00

CIRTY BIOSK by Totoya

「斗々屋」プロデュースのビオマーケット×キオスク。食材や調味料は計り売り。デリやスイーツも

B

ブランドの世界観をまるごと体感できる

テーブルウエアはオリジナル！

C 中東料理にインスパイアされたおしゃれな料理たち

1 窓の向こうには中庭が広がる **2** スフィーハとレモンのリガトーニ1850円 **3** キャラメルプリンラブネ750円

1

2

3

3 2

1 サロン・ド・テでいただくアフタヌーンティー 7500円。スイーツの数々をオリジナルブレンドフレーバーティーと共に **2** グリーンが彩るゆったりとした空間 **3** 新名所フォレストゲート代官山のメイン棟に

1

★ ★ ★ フォレストゲート代官山は2023年10月開業。メイン棟の建築は隈研吾氏。

ドラマティックな空間とアイテム
そしてホスピタリティに感動

代官山本店は
日本1号店です

1 水性香水のテスター **2** カリグラフィーのサー
ビス **3** フランスの家具職人が手がけた棚 **4**
リップバームケースをセミカスタマイズ **5** 植
物オイル3190円〜 **6** 肌に馴染ませて使う水性
香水2万3210円 **7** ボディオイル7260円

旧山手沿いの通りにある
代官山のシンボル的カフェ

1 2 雰囲気はそのまま
環境にも配慮して快適に
進化 **3** ドリップコーヒ
ー780円 **4** ティラミス
850円。好きなドルチェ
とドリンクのセット1500
円も

081

自分へのご褒美にいかが？

喧噪と無縁の天空のリゾートで極上のティータイム

ホテルのアフタヌーンティー でプチ贅沢♡

上質なホスピタリティや豪華な空間で、各ホテルが趣向を凝らしたアフタヌーンティー。至福の時間を満喫して。

PETIT SWEETS
フランス産 桃のムース 桃とライチのジュレ
パッションフルーツソース

PETIT SWEETS
ロゼシャンパンジュレ 桃のコンポートや
白桃のムース ココナッツケーキなど全4種

SAVOURY
桃と蟹のリエット クレープロール
など桃のエッセンスを加えた 全5種

afternoon tea
アフタヌーンティー
1名1万500円
・2時間制
※内容と料金は季節により異なります

アマン東京
アマンとうきょう
MAP P.173 B-1 ☎03-5224-3333 ♠千代田区大手町1-5-6 大手町タワー ●地下鉄大手町駅直結

ザ・ラウンジ by アマン
ザ・ラウンジ バイ アマン
リュクスな空間でくつろぐ
ダークカラーのインテリアに合わせた黒竹スタンドで提供されるアフタヌーンティー。旬のフルーツを使ったスイーツと自家製スコーン、繊細なセイボリーを楽しめます。
☎03-5224-3339 ♠アマン東京33F ●11:00～22:00(LO21:30) ※アフタヌーンティーは11:00～16:30(LO)
♠無休

天井まで届く
高い窓は障子
をモチーフに
デザイン

★★★ アフタヌーンティーは旬の食材を使用し、季節に合わせたイメージで提供するため、どれも季節限定。季節ごとのお楽しみです。

082

afternoon tea

アフタヌーンティー
1名9000円

・2時間制

※内容と料金は季節により異なります

シェフの遊び心あふれる美しいスイーツ＆セイボリー

ザ・ロビー

バードケージ型のスタンドも素敵

ホテル正面玄関を入ると左右に広がるホテルの象徴のようなダイニング。ザ・ペニンシュラ香港の伝統を受け継ぐアフタヌーンティーを。

☎03-6270-2888 🏠ザ・ペニンシュラ東京1F ⏰6:30～21:00 ※アフタヌーンティーは11:30～20:00(LO 18:00) 🔒無休

ザ・ペニンシュラ東京
ザ・ペニンシュラとうきょう

MAP P.171 B-1 ☎03-6270-2888 🏠千代田区有楽町1-8-1 📍地下鉄日比谷駅A6・7出口直結、JR有楽町駅中央西口から徒歩2分

afternoon tea

アフタヌーンティー "Stone"
1名8000円～

・2時間半制
・完全予約制

※内容と料金は季節により異なります

20種類以上のティーや抹茶、和菓子などを

ロビーラウンジ ザ パレス ラウンジ

和洋の美味が映える美しい漆器

皇居外苑のお濠を眺めながら優雅な時間が過ごせます。赤木明登氏による輪島塗漆器に盛られたアフタヌーンティーが人気。

☎03-3211-5370 🏠パレスホテル東京1F ⏰11:00～23:30 ※アフタヌーンティーは11:00～17:30(LO) 🔒無休

パレスホテル東京
パレスホテルとうきょう

MAP P.173 A-2 ☎03-3211-5211 🏠千代田区丸の内1-1-1 📍地下鉄大手町駅C13b出口より地下通路直結、JR東京駅丸の内北口から徒歩8分

afternoon tea

ザ・キャピトル アフタヌーンティー
1名8855円～

・2時間半制
・完全予約制

※内容と料金は季節により異なります

有田焼の窯元、深川製磁による茶器にも注目

ラウンジ「ORIGAMI」
ラウンジ「オリガミ」

籠の中に並ぶスイーツ＆セイボリー

和モダンな空間にぴったりな雅なアフタヌーンティー。駿河竹千筋細工によるオールハンドメイドのティースタンドは芸術作品のよう。

☎03-3503-0872 🏠ザ・キャピトルホテル 東急3F ⏰10:00～21:00(LO) ※アフタヌーンティーは14:00～18:00(LO) 🔒無休

ザ・キャピトルホテル 東急
ザ・キャピトルホテル とうきゅう

MAP P.168 D-3 ☎03-3503-0109 🏠千代田区永田町2-10-3 📍地下鉄溜池山王駅・国会議事堂前駅6番出口直結

左右全く異なる内観が美しいオフィシーヌ・ユニヴェルセル・ビュリー 代官山本店（→P.81）。右は19世紀のパリの薬局、左は21世紀の東京のラボをイメージしています。

カスタードとシャインマスカットの優しい甘さがマッチ。890円(季節によりフルーツ、金額は異なる)

美しい焼き菓子や生菓子が並びギャラリーのよう。その奥にあるのはイートインスペース

ガトーショコラ620円

Hiromi & Co.
ヒロミ アンド コ.

絶品フランス菓子に癒やされる

フランスで修業を積んだパティシエが作る本場の味わいが人気。スイーツは特注の美しい大理石プレートで提供。小さなお菓子付きもうれしい。

MAP P.172 F-5
☎なし 🏠中央区日本橋大伝馬町14-8 岩並ビル1F 🕐12:00〜19:00、土曜〜17:00 🔒日〜水曜 📍地下鉄小伝馬町駅1番出口から徒歩3分

たっぷりのクリームに
フレッシュフルーツ

シュークリーム

スイーツラバーも大満足なスイーツ自慢のカフェをご紹介。テイクアウトもいいけれど、カフェ空間で味わうとおいしさも倍増! 幸せなひとときが過ごせます。

まんまる

まんまるメニューにほっこり

もちもちの白玉と丸いたい焼きが話題の和カフェ。北海道産の小豆や熊本産の白玉粉など、材料は国産がメイン。宇治抹茶使用の抹茶ラテ590円も。

MAP P.182 E-3
☎03-6658-5756 🏠墨田区向島3-31-14-101 🕐12:00〜17:00(LO16:30) 🔒日〜火曜 📍東武スカイツリーラインとうきょうスカイツリー駅東口から徒歩4分

まんまるたい焼き250円

店内はスタイリッシュで大人の雰囲気。テーブル席のほかに小上がりの席もあります

白玉×旬のフルーツは
餡と蜜と一緒に!

団子

ひんやりメロン白玉790円(季節によりフルーツ、金額は異なる)。あんチーズたい焼き330円

季節のフルーツを
自家製チョコレートと共に

パフェ

カカオが香る、無花果
とチョコレートのパフェ
3800円（季節によりフ
ルーツ、金額は異なる）

極上の口溶けにうっとり
北フランスの伝統スイーツを

メルベイユ

メルベイユは全6種類。
メレンゲにホイップクリー
ムをのせ、チョコレートチ
ップで包んだお菓子

店内からはキッチンの様子も。
（右）チョコレートプリンにミ
ルクアイスをどーん1210円

濃厚なプリン＆
後味爽やかなアイス

teal
ティール
麗しい洗練されたスイーツたち
パティシエの眞砂翔平シェフと大山恵介シェフがタッ
グを組んだ、チョコレートとアイスクリームの店。オリジ
ナリティあふれるコラボメニューの数々を堪能して。
MAP P.172 E-2
☎03-6661-7568 🏠中央区日本橋兜町
1-10 日証館1F ⏰11:00 ～ 18:00（LO
17:00）🚫水曜 📍地
下鉄日本橋駅D2出口
から徒歩5分

BEST TIME
15:00

もうこれさえあればごきのげん！

カフェと**推しスイーツ**と私♡

ふわっふわ。口溶けも◎

Aux Merveilleux
de Fred
オー メルベイユ ドゥ フレッド
日本初上陸のメレンゲ菓子
フランス全土で愛されるメレンゲ
菓子の名店で、アジア圏1号店。フ
ランス直送のインテリアに囲まれ
たティールームでシャンパンを片手
にパリ気分も味わえます。
MAP P.168 D-2
☎03-5579-8353 🏠新宿区矢来町107-
2 ⏰9:00 ～ 19:00（LO18:30）🚫無休
📍地下鉄神楽坂駅1a出口から徒歩1分

イートインは1個420円～
（テイクアウトは390円～）

2・3階はカフェスペース。フランスの雰囲気漂うシックな空間

昭和レトロ

恋する東京喫茶でまったり時間

異世界に浸れるレトロ喫茶へ

昭和の時代と同じ穏やかな時間が流れる代が調和するニューレトロなカフェまで、必訪喫茶を厳選しました。

変わらぬ佇まいと名物で迎えてくれる喫茶店から、古き良きと現

SINCE **1968**（昭和43年創業）

SINCE **1970**（昭和45年創業）

ジャムセッショントースト600円とストレートコーヒー530円

オムライス1500円（ドリンク付き）。ふわとろ玉子がオン！

コーヒー好きを魅了して
やまない千住の名店

Coffee Work Shop Shanty
コーヒー ワーク ショップ シャンティ

自家焙煎を始めて50年以上。熟練した手焼きの技術で豆の個性を引き出しています。味わい深い一杯を目当てに足繁く通うファンも多い。

MAP P.168 E-1
☎03-3881-6163 🏠足立区北千住1-30-1 ◯10:00〜18:00（LO17:30）🔒水・木曜（祝日の場合は営業）🚇地下鉄北千住駅1番出口から徒歩4分

バタートーストに自家製ジャム4種類

山小屋をイメージした店内。レンガの壁などレトロな雰囲気です。マスター ご夫婦にもほっこり

ノスタルジックな空間で
名物のオムライスを

喫茶 YOU
きっさユー

歌舞伎座の路地裏に佇む喫茶店。旧店舗時代から使用する照明や赤いベロアの椅子など、エモーショナルなインテリアに囲まれ、絶品オムライスがいただけます。

MAP P.170 E-4
☎03-6226-0482 🏠中央区銀座4-13-17 ◯11:00〜16:00（LO）、土・日曜・祝日〜15:30（LO）🔒水曜 🚇地下鉄東銀座駅3番出口から徒歩1分

喫茶
you
tel.03-6226-0482

もともとは晴海通り沿い歌舞伎座の並びにあり、歌舞伎座の建て替えを機に現在の場所へと移転

★ ★ ★ 喫茶YOUのコーヒーは、砂糖を入れ生クリームを浮かべ軽く混ぜる程度で飲むのがベスト！

ニューレトロ

ド派手な昭和の名残り×デザイナーが手掛けた令和の内装

ダスティブルー×ダークブラウンのインテリアで大人の雰囲気

古き良き昭和が香る
新旧ミックスの新世界

ニーナナ喫茶
ニーナナきっさ

元キャバレーを2022年にリニューアルし、昼は喫茶、夜はショーパブとして営業。ギラギラしたステージはそのままに、ラウンド型のソファなどは特注のオリジナル。

歌舞伎町に溶け込む
雑居ビルの前に看板！

MAP P.180 D-1
☎03-6205-5567 ♠新宿区歌舞伎町2-36-3 新宿Acb会館3F ⏰11:30～20:00（LOフード19:00、ドリンク19:30）♠無休 ♀JR新宿駅東口から徒歩8分

雰囲気ある階段をあがり2階へ。俺のオレオレ800円と黒のオムライス1500円。見かけによらず？ 味は本格派

コーヒー好きが
本を開き、集う場

サロンクリスティ

1988年から早川書房の社屋1階で愛されていた喫茶店がビルの改装に伴いリニューアル。旧店舗のイメージも残しつつ、新たな発信地に生まれ変わりました。

作品の世界観が楽しめる
メニューやイベントも

MAP P.168 D-2
☎03-3258-3800 ♠千代田区神田多町2-2 ⏰11:00～22:00（LO21:00）♠土・日曜・祝日 ♀地下鉄神田駅4番出口から徒歩2分

ランチセットのクリスティ風スパゲティ・ナポリタン1200円。サイフォンで淹れるオリジナルブレンド850円

BEST TIME
商売繁盛!!

15:00

何でも揃ってお値打ちなんて!

問屋街 DE
ショッピングゥ〜☆

IN THE
Afternoon 14:00-17:00

キッチン充実間違いなし!
MY道具を探しに

およそ800mの通りに、バラエティに富んだ約170の食の専門店が連なる東京随一の問屋街「かっぱ橋道具街®」。店頭や店内にズラリと並んだ商品の豊富さはもちろん、その ほとんどが卸値価格で購入できるのも大きなメリットです。プロが使っている見慣れない便利な道具や、料理や盛り付けが楽しくなるおしゃれな器などを探しに出かけましょう。

B
C
B
A

B 馬嶋屋菓子道具店
まじまやかしどうぐてん

カワイイお菓子型が充実

1951年創業の菓子型専門店。毎週木曜は希望どおりのクッキー型をスタッフにその場で作ってもらうこともできます。

MAP P.183 A-3
☎03-3844-3850 ⋒台東区西浅草2-5-4 ◷9:30〜17:30、日曜・祝日10:00〜17:00 🗓無休 🚇地下鉄田原町駅1番出口から徒歩6分

1 アルタイト 4.5cm角ミニキューブ 食パン型880円 **2** オリジナルの猫のクッキー型各638円〜

A ニイミ洋食器店
ニイミようしょっきてん

おうちごはんを楽しく

飲食店向けのテーブルウェアや調理機器を扱う専門商社。おうちで外食気分が味わえるアイテムを見つけて。

MAP P.183 A-3
☎03-3842-0213 ⋒台東区松が谷1-1-1 ◷10:00〜17:45 🗓日曜・祝日 🚇地下鉄田原町駅1番出口から徒歩3分

1 ニイミオリジナルお子様ランチ皿3300円 **2** タルヴィーケーキスタンド3405円

日曜・祝日は休みのお店が多いので、平日か全体の90%が営業している土曜がおすすめです。

D 食卓が華やぐおしゃれな器

和の器 田窯
わのうつわ でんがま

全国の500以上の窯元から、伝統的な和陶器の技法や絵柄を受け継いだ器を集めています。ガラスの器や作家ものも充実。

MAP P.183 A-3
☎03-5828-9355 ♠台東区西浅草1-4-3 ⏰10:00～18:00 🔒無休 ♥地下鉄田原町駅1番出口から徒歩3分

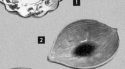

1 波佐見焼 赤絵万歴 菊型鉢(小)2770円 2 信楽焼 蓮弁 小鉢2570円 3 京焼 雪ノ花豆皿(青)1650円

C 料理の腕が上がる道具

釜浅商店
かまあさしょうてん

プロ仕様の料理道具の家庭用サイズが手に入ります。料理の味がアップする、使い勝手がよくて長く愛せる逸品がたくさん。

MAP P.183 A-2
☎03-3841-9355 ♠台東区松が谷2-24-1 ⏰10:00～17:30 🔒無休 ♥つくばエクスプレス浅草駅A2出口から徒歩6分

1 大矢製作所 銅おろし金 鶴2068円 2 大矢製作所 銅おろし金 亀1980円 3 姫野作 本手打行平鍋 5寸(15cm)1万1220円

F 犬印鞄製作所
いぬじるしかばんせいさくじょ

合羽橋限定の道具袋

1953年創業の帆布鞄工房。職人が手作りした軽くて強度のある帆布鞄は、使うほどに味わいが生まれます。

MAP P.183 A-2
☎03-3844-5377 ♠台東区松が谷2-12-7 ⏰10:00～18:00 🔒無休 ♥地下鉄田原町駅1番出口から徒歩7分

1 道具巻き6490円 2 包丁巻き1万1000円(名入れも可能660円)

E 清助刃物
せいすけはもの

最高の切れ味のマイ包丁を

包丁界のレジェンドやカリスマ鍛冶職人の包丁を揃える専門店。本格的な切れ味の刺身包丁なども人気です。

MAP P.183 A-3
☎080-2956-1943 ♠台東区松が谷2-1-11 ⏰10:30～17:30 🔒無休 ♥地下鉄田原町駅1番出口から徒歩7分

1 黒﨑優 ペティナイフ 和包丁150㎜紫檀柄3万5200円 2 堺孝行 真鍮ウロコ取り170㎜1210円

16:00

時間が経つのを忘れちゃいます

BOOK CAFE & SHOP で
静かにひとり全集中

1 喫茶室には靴を脱いでラフにくつろげる席も 2 ジャンル別に本が並ぶ選書室。全ての本が購入可能 3 集中して本が読める閲覧室

IN THE
Afternoon 14:00-17:00

★ ★ ★ 文喫の入場無料の展示室エリアではさまざまなイベントや企画展も開催しています。

092

人文学、科学、アートなど
約3000冊

本と珈琲 梟書茶房
ほんとこーひー ふくろうしょさぼう

本と出合える喫茶店

本がぎっしりと並ぶスペースには1231種の袋綴じされたシークレットブックが。駅直結で気軽に立ち寄れるのも◎。

MAP P.185 A-4
☎03-3971-1020 🏠豊島区西池袋1-12-1 Esola池袋4F ⏰10:30〜22:00(LO21:30) 🔒不定休 📍各線池袋駅4番出口直結

1 本はかもめブックスの柳下さんセレクト。月替わりのテーマに合わせた珈琲と本のセットを数量限定で販売

アート、音楽など
約3500冊

ROUTE BOOKS
ルート ブックス

本とグリーンと雑貨の店

暮らしを楽しむための本が集合。アンティーク家具や亜熱帯の緑に囲まれた空間でコーヒーを楽しみながら読書ができます。

MAP P.168 E-2
☎03-5830-2666 🏠台東区東上野4-14-3 ⏰12:00〜19:00 🔒不定休 📍JR上野駅入谷口から徒歩5分

1 元工場を工務店「YUKUIDO」がリノベーション **2** コーヒー500円〜。個性の異なる2種類の豆を用意

写真集
約6500冊

写真集食堂 めぐたま
しゃしんしゅうしょくどう めぐたま

本は全て写真集!

写真評論家、飯沢耕太郎さんのコレクションを公開。19世紀から現代までの写真集が歴史をたどるようにズラリと並び、自由に読むこともできます。

MAP P.184 F-1
☎03-6805-1838 🏠渋谷区東3-2-7 1F ⏰12:00〜22:00(LO21:00) 🔒月曜・祝日 📍各線恵比寿駅西口から徒歩7分

1 柱のない広々とした空間 **2** 手作りの煮小豆の抹茶寒天アイス1100円。定食などのごはんメニューも好評

良質な本と出合える東京のとっておき書店

常に人がせわしなく動いているイメージの東京ですが、本に囲まれた場所は別世界。とりわけここ「文喫 六本木」は、"文化を喫する"入場料のある本屋"というを満喫しましょう。

異色の空間。選書室や閲覧室のある有料エリアは、席を自由に変えて一日中いてもいいんです。本を読みながらコーヒーや小腹を満たす食事が楽しめる東京のこもりスポットで、ひとりの時間

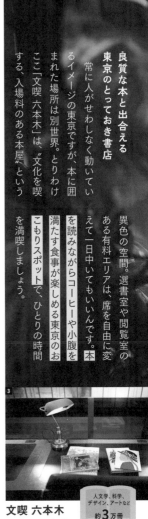

文喫 六本木
ぶんきつ ろっぽんぎ

人文学、科学、デザイン、アートなど
約3万冊

じっくり本と向き合える場所

入場バッジを受け取ったら選書室で自由に本を選び、好きな席で過ごせます。珈琲・煎茶はお代わり自由。喫茶室には食事やデザートも。

MAP P.179 B-3
☎03-6438-9120 🏠港区六本木6-1-20六本木電気ビル1F ⏰9:00〜20:00(LO19:30) 🔒不定休 💰入場料1650円、土・日曜・祝日2530円 📍地下鉄六本木駅3番・1A出口から徒歩1分

ぎゅうぎゅう
密着が日常

ちょっと
アゴを失礼

天井には隠れ
ブタさんも！

鼻を床に
押し当て
ホリホリ

BEST TIME
16:00
動物と触れ合う♡
今、カワイイあの子に
会いに行きます（涙）

カワイイが最強！
東京の動物カフェ

ただひたすらかわいい姿を愛でていたい…。癒しの駆け込み寺ともいえる動物カフェですが、東京のそれは犬や猫だけじゃないんです。かわいくて飼いたいけれど、飼うにはちょっと勇気がいる。そんな動物た

ちと触れ合えるカフェを集めてみました。指名できない悲しさはあるけれど、その分、一期一会と思って全力で遊べるのがいいところ。もちろんうちの子にしたい場合、こちらで紹介しているマイクロブタさんとハリネズミさんはお迎えもありデス。

人懐っこくて愛嬌たっぷり
マイクロブタさん

生後2カ月
赤ちゃんブタさん

mipig cafe 原宿店
マイピッグ カフェ はらじゅくてん

人間大好きなブタさんたち

マイクロブタはイギリス発祥の体重18〜40kg以内のブタのこと。こちらでは10〜20kgの子たちが交代で登場し、遊んでくれます。

MAP P.175 B-1
☎03-6384-5899 ⌂渋谷区神宮前1-15-4
🕙10:00〜20:00(最終入店19:30) 🔒不定
休 ♀JR原宿駅竹下口から徒歩5分

アゴのせが
好きブー

利用法

☑ 入場料金1100円＋利用料金30分ごとに
1100円（フリードリンク制）
※個室プランもあり。上記の基本料金に加え、
別途個室料金は30分ごとに550円
☑ 事前予約制
☑ ブタさんは抱っこが苦手なので抱っこ禁止。
フロアで足を伸ばして待っているとブタさん
がやってきてくれます

三匹の子豚を
イメージした内装

オリジナルの
ドーナツも

★ ★ ★ 2024年3月末、ご近所、徒歩圏内にmipig cafe原宿竹下通り店もオープン。

ねえねえ
遊んでよう

もふもふかわいい
ハムスターさん

手のひらでくるんと抱っこ
ハリネズミさん

あこがれの
手のひら抱っこ

おとなしくて
あったか

ミーアキャットの
さぶろうくん

ハリネズミカフェ®HARRY 原宿駅前店

ハリネズミカフェハリー はらじゅくえきまえてん

ハリネズミ飼育数No.1の人気店

ブルックリンテイストのおしゃれな店内に、たくさんのハリネズミが暮らしています。ほかにも、ミーアキャットやハムスターとも触れ合えます。

MAP P.175 B-2
☎03-3404-1180 ♠渋谷区神宮前1-13-21 シャンゼール原宿2号館4F ◷11:00〜19:00（最終入店18:30）♠無休 ♥JR原宿駅東口から徒歩1分

利用法

☑1名30分1430円〜（1ドリンク込み）
☑触れ合う前は手の消毒がマスト。席を自由に移動して全ての子と触れ合えます

ハリネズミじゃない！？
ヒメハリテンレックさん

ハリネズミ
グッズも

チンチラさんも
人気です♡

おやつ
ちょうだい

カワウソカフェ®HARRY 原宿テラス店

カワウソカフェハリー はらじゅくテラスてん

癒やしの動物さんたちと触れ合う

開放的なテラスで暮らしているのはカワウソやチンチラやハリネズミなど。"お手"をするような仕草でおやつをおねだりする姿にメロメロ。

MAP P.175 C-2
☎03-3404-1212 ♠渋谷区神宮前4-26-5 3F ◷13:00〜18:00、土・日曜・祝日11:00〜（最終入場17:30）♠無休 ♥地下鉄明治神宮前〈原宿〉駅5番出口から徒歩5分

超絶かわいいすぎる
カワウソさん

利用法

☑1名30分1540円〜（1ドリンク込み）
☑触れ合う前は手の消毒がマスト。ケージの中のカワウソさんにおやつ（単品550円、セット880円）をあげて握手ができます
☑事前予約が無難。当日入場も可能ですが混雑や動物さんの休憩時間などで待ち時間は覚悟

スタッフさん
大好き♡

095

1 ハーバリウム・ミモザ **2** キリン草各1980円。上村さんの作品はシックで上品 **3** ガジュマル器セット2750円

品種によって育て方が違うので、購入を機に勉強してみるのもおすすめです。

店主の上村さん

花&観葉植物

LUFF Flower & Plants WORKS

ラフ フラワー アンド プランツ ワークス

清澄長屋の植物の園

ハーバリウムを考案した上村拓さんのお店。センスのよい植物で埋め尽くされ、いるだけで癒されます。

MAP P.168 E-3
☎03-5809-9874 🏠江東区清澄3-3-27 ◷10:00〜19:00 🔒月・火曜 ◉地下鉄清澄白河駅A3出口から徒歩4分

ライフスタイルの変化から植物に癒しを求める人が急増中。東京のとびきりおしゃれな専門店に、お気に入りを探しに行きましょう。

管理しやすく育てやすい植物を多く揃えています。気軽に相談してください。

マネージャーの斎藤さん

観葉植物 多肉植物 野菜&ハーブ

SOLSO PARK

ソルソ パーク

施設内に緑がいっぱい

SOLSO FARMの都心型ショップ。屋外から室内用まで扱い、初心者やギフトにぴったりなグリーンも豊富。

MAP P.179 A-2
☎03-6812-9770 🏠港区南青山1-12-13 ◷10:00〜18:00 🔒無休 ◉地下鉄乃木坂駅5番出口から徒歩4分

1 ネオンカラーのポットもかわいい多肉植物寄せ植え（3種）4400円 **2** 水耕栽培のグリーン寄せ植え（3種）4620円 **3** オリジナルの栽培キット（バジル）1320円

★ ★ ★ 植物は新鮮な空気を好むので、適宜換気をしてあげると人間も心地よく暮らせます。

6
7
8
9
10
11
12
13
14
15

植物が光合成しやすいように、光の届く明るい場所を確保してあげましょう。

オーナーの白田さん

NEO GREEN
ネオ グリーン

グリーンポット専門店

一鉢一鉢に景色が作られたグリーンポットは、すべてオーナーの白田仁さんがコーディネートした一点もの。

MAP P.176 F-2

☎03-3467-0788 🏠渋谷区神山町1-5 グリーンヒルズ神山1F ◎12:00〜20:00 🔒月曜(祝日の場合は翌日) 🚇地下鉄代々木公園駅2番出口から徒歩5分

1 御殿場桜6600円 **2** 松笠付き黒松6600円 **3** 鉢中にドングリが埋められ、発芽の観察が楽しめるドングリポット1650円

グリーンポット&盆栽

16
17
18
19
20
21
22
23
0

塊根植物は花が咲き、葉が茂るので、成長がわかりやすく、楽しいですよ

マネージャーの山本さん

HANACHO MOTOYOYOGI
ハナチョウ モトヨヨギ

希少性の高い塊根植物も

山手通り沿い三角屋根が目印のギャラリーのようなお店。塊根や多肉を中心に切り花、花瓶などが揃います。

MAP P.185 B-4

☎なし。問い合わせはインスタグラムのDMで 🏠渋谷区元代々木町55-6 ◎12:00〜20:00 🔒水曜 📍小田急線代々木八幡駅西口から徒歩7分、地下鉄代々木公園1番出口から徒歩8分

BEST TIME **16:00** グリーンのお世話が楽しい!! **ボタニカルライフ**始めます

塊根&多肉植物

1 スーパー兜丸実生6600円 **2** エケベリア2200円 **3** アデニウム アラビカム スーパードワーフ7700円

097

今やカジュアル＆日常

昼呑みのススメ

**東京人の新常識!?
午後からおしゃれに乾杯**

呑んべいの心をわしづかみにするパワーワード、昼呑み。昨今では気兼ねなくお昼から呑めるお店もたくさん。そして、酔いたい! ではなく、おいしいお酒を楽しみたい! 勢が増えています。そこで、お店自慢のこだわりのお酒やおつまみが楽しめるお店をセレクト。新しいお酒との出合いや、楽しみ方が待っています。

MADE IN 兜町のフレッシュな
どぶろくを飲み比べ!

IN THE *Afternoon* 14:00-17:00

爽やかなテラス席で軽く一杯も可能

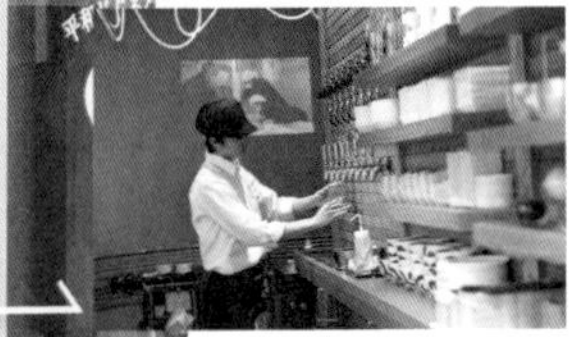

クラフトビールは最大8種用意

どぶろくは季節限定含め常時8種類ほど

できたて、生ならではの味わいを楽しんでください

醸造家・佐々木さん

プレーン550円〜。米の旨みをしっかりと感じる

本日の限定550円〜。この日はキウイ。爽やか!

小豆550円〜。優しい香り。大人のあずきバーのよう

金山寺味噌とクリームチーズのクラッカー 550円

手作りごま豆腐500円。白ごまと黒ごまの盛り合わせ

平和どぶろく 兜町醸造酒 白麹3300円（720ml）と紀土 純米大吟醸1540円（720ml）

平和酒造のお酒は購入も可

平和どぶろく兜町醸造所

へいわどぶろくかぶとちょうじょうぞうじょ

13:00から呑める

日本酒「紀土」にファンも多い和歌山県の平和酒造が、米の醸造酒を気軽に楽しんでほしいとオープン。店内の醸造所で作るどぶろくが楽しめます。
MAP P.172 E-3
☎03-6264-9457 ♠中央区日本橋兜町8-5 1F ◷13:00〜22:30、土曜12:00〜22:30、日曜・連休最終日12:00〜21:00（LOフード各30分前、ドリンク各15分前）♠無休 ♀地下鉄茅場町駅11番出口から徒歩1分

★★★平和どぶろく兜町醸造所のどぶろくは、粒感があり食べ応えも。生らしく提供後も発酵を続け、泡泡してくるのも楽しい。

098

パンはお昼には売り切れ、15時頃からパン呑みがスタートです

田村さんご夫妻が切り盛り。パン呑みは真紀子さんが

ハイボール600円。ほかレモンサワーやビールも

15:00から呑める

たむらパン

早朝から営業する人気ベーカリーは、午後になるとパンとお酒が楽しめる店に。パンのクオリティはもちろん、お酒に合いすぎることにびっくり。

MAP P.168 E-3

☎03-6458-5022 🏠江東区牡丹3-9-1 1F ⏰7:30～22:00 ※パン呑みは15:00～、時間詳細は公式SNSを確認 🛏水・木曜 📍地下鉄門前仲町駅2番出口から徒歩5分

パン呑み万歳！パンをつまみに一杯！

1 メニューはパン盛りとアルコールのみ 2 約10種のパンと自家製おかずがのるパン盛り1000円、日替わりワイン900円～。お酒が進みすぎる味わい

リキュール製造工場併設！こだわりレモンサワーで乾杯

おこさまもワンちゃんも歓迎です！

手作りスイーツも評判のバーテンダー・河嶋さん

15:00（土・日曜）から呑める

OPENBOOK 破
オープンブック は

人気のレモンサワーは、奄美産の黒糖焼酎と尾道のレモンで手作りするオリジナルリキュールを使用。店内には缶チューハイが作れる工場も併設。

MAP P.169 C-2

☎050-3708-4392 🏠新宿区新宿1-5-12 1F ⏰17:00～23:30、土・日曜15:00～23:30(LO各30分前) 🛏月～水曜 📍地下鉄新宿御苑前駅1番出口から徒歩2分

きゅうりのサワー（米焼酎、豊永酒造）900円

1 タップで提供されるレモンサワー900円と手作りケークサレ700円 2 自宅でもお店の味が楽しめるリキュール「リアルレモンサワー」3800円とオリジナルグラス3500円。完全手作りのため季節毎に登場 3 午後はカフェのような雰囲気 4 オリジナルの持ち帰りのレモンサワー缶770円

EAT
SLEEP
COOK
REPEAT

長居したくなる
円形のソファ

2種のカレー
セット（神戸
牛とポークの
カレー&エビ
のカレー）

神宮前交差点に誕生した地域に根付く文化創造・発信拠点。原宿らしい個性豊かな店舗、施設が勢揃い！

TIPS

5-6F「HARAJUKU KITCHEN&TERRACE」

5階は横丁、6階はフードホールスタイル。屋上テラスへも繋がります

5F

6F

新時代のファミレス！

5F

FAMiRES
ファミレス

王道ファミレスメニューをFAMiRES仕様にアップデート。居心地は抜群。
☎03-6427-2970 ⏰11:00 ～ 23:00
🔒施設に準ずる

6F

beat eat
ビート イート

ジビエの名店が待望の姉妹店！

オリジナルスパイスカレーとジビエ料理やナチュラルワインも。
☎03-6433-5250 ⏰11:00 ～ 23:00（LO22:00）🔒施設に準ずる

新しい"たまり場"に

2-3F

COVER
カバー

雑誌の世界観が楽しめるイベントや展示も開催

1960年代から現在までに発行された約3000冊を閲覧できる雑誌の図書館。
☎なし ⏰11:00 ～ 21:00 🔒施設に準ずる

気軽に配信ができる

3F

J-WAVE ARRTSIDE CAST
ジェイウェイブ アートサイド・キャスト

ポッドキャストスタジオ兼デジタルアートギャラリー。ウェブサイトから予約で誰でも利用可能。
☎なし ⏰11:00 ～ 20:00 🔒施設に準ずる

老舗サロンが再上陸!!

2F

ANGELINA
アンジェリーナ

パリ発の老舗ティーサロン。シグネチャーのモンブランは必食。テイクアウトショップも。
☎03-6427-1540 ⏰11:00 ～ 21:00（LO20:00）
🔒施設に準ずる

B1F

小杉湯原宿
こすぎゆはらじゅく

地下に銭湯！街の銭湯を満喫

高円寺にある老舗銭湯の2店舗目。名物ミルク風呂を堪能したい。
☎03-6712-5026 ⏰11:00 ～ 18:00 木曜 520円

朝、夜は原宿近隣で暮らす人たち専用に。詳細は公式SNSで確認を

パリパリ!?
しっとり

噂のグミッツェルが1個から買える！

1F

ヒトツブカンロ 原宿店
ヒトツブカンロ はらじゅくてん

グミッツェル1個170円、原宿限定のmofuwa BOX（6個入り）1000円

飴やグミでおなじみの「カンロ」のキャンディショップ。ギフトにしたいアイテムが充実。
☎03-6805-1414 ⏰11:00 ～ 21:00 🔒施設に準ずる

★ ★ ★ ヒトツブカンロの入店およびグミッツェルシリーズの購入はデジタル整理券制。

向かいにある「オモカド」に
設置されたビジョン
と連動したイベントも!!

6-7F

屋上テラス

神宮前交差点を一望でき
る緑豊かな庭園空間。6階
からシームレスに繋がり納
金も可能。オアシ

4F

ハラッパ

環境やサステナブルを感じ
るコンテンツが広がるフロ
ア。カフェとイベントスペー
スで構成

東急プラザ原宿「ハラカド」

とうきゅうプラザはらじゅく「ハラカド」

新たな原宿カルチャーを創造・体験でき
る創造施設。地下1階から屋上テラスま
で約75店舗が集結。屋上テラスや「C
OVER」、地下1階など体験型メディアが
揃うので、リアルに体験して楽しみたい。

MAP P.175 B-2 ☎03-6427-9634（11:00
～19:00）🏠渋谷区神宮前6-31-21 ⏰物販11:
00～21:00、5・6F飲食11:00～23:00※一
部店舗異なる 🔒不定休 🚇地下鉄明治神宮前
〈原宿〉4・7番出口からすぐ

ととのうならここでしょ！

サ活！東京女子サウナ4選

友人とおしゃべりしながらととのうプライベートサウナやおひとりさま用など、女子が使いやすい最新施設をピックアップ。

アロマの香りに癒やされる

SAUNA DATA
基本料金
1人部屋70分4800円〜
2人部屋90分9000円〜 など
部屋数
4部屋

一 完全プライベート

2 **1**

4 水風呂 **3**

Sway
スウェイ

全室水風呂完備のプライベートサウナ。1人〜4人用の個室4部屋はカップルなど男女での利用も可能。青山・外苑前から徒歩圏内という好立地で観光や食事の前後に気軽に通えるのもいい。

MAP P.174 E-2 ☎なし 🏠港区南青山2-27-18 パサージュ青山1F ⏰9:00〜翌5:00、土・日曜・祝日7:00〜 🈂無休 🚇地下鉄外苑前駅1a出口から徒歩3分

1 2部屋あるグループルームは男女利用もOK！ **2** アロマ水によるセルフロウリュ **3** 水風呂にはお湯も足せる **4** やわらかな照明や自然の曲線など、どこか不思議で落ち着ける空間

ゆらぎルーム

瞑想ルーム

二 おひとりさま

3 **2** **1**

1 個室サウナは男女で座面の高さを変えるなど居心地のよさを追求 **2** 広さと明るさが絶妙 **3** 焚火や波打ち際など、気分に合わせて映像が選べる

SAUNA DATA
基本料金
個室120分3000円〜
VIP120分4500円〜
※完全予約制
部屋数
29部屋

SAUNA RESET Pint
浅草
サウナ リセット ピント あさくさ

地上9階建てのビルを男性と女性のフロアに分け、個室サウナ、水風呂、内気浴、外気浴を整備したおひとりさま用サウナタワー。アロマや冥想、VR体験旅行などのサービスルームも。

MAP P.183 B-2 ☎03-3843-1137 🏠台東区浅草2-6-15 ⏰7:00〜22:00（サウナ個室予約は7:30〜20:15） 🈂無休 🚇地下鉄浅草駅6番出口から徒歩8分

★ ★ ★ SAUNA RESET Pint浅草にはテレワークなどに使える予約制のPintルームズも。

音を浴びているみたい

ショップ　レストラン

4 サウンドシステム搭載の「SOUND」 **5** メニューは全てヴィーガン対応 **6** サウナ関連のオリジナルグッズも充実

㊂渋谷ど真ん中

1 自然光が差し込む外気浴スペース **2** 3人まで寝転ぶことができるオートロウリュ付きのサウナ室「BED」 **3** サウナストーブを囲む「TEETA」は茶室をイメージ

渋谷 SAUNAS
しぶやサウナス

漫画『サ道』の著者タナカカツキ氏監修の「ととのいスポット」。植物の束を用いた施術ウィスキングが受けられる部屋など、趣向を凝らした9つのサウナ室と4つの水風呂を完備。

MAP P.177 C-5 ☎なし ⚲渋谷区桜丘町18-9 🕐8:00〜24:00 不定休 🚉JR渋谷駅西口から徒歩5分

SAUNA DATA
基本料金
3080円〜（土・日曜・祝日は3850円〜）
※男性150分、女性210分
※平日朝割80分1980円〜（8:00〜11:00限定）
部屋数
9部屋

㊃ミニシアター　水風呂

次世代型映像でととのう

1 フィンランド式サウナ **2** 水風呂は冷却装置付き **3** 圧倒的な没入感が体験できるミニシアター

HUBHUB 下北沢
ハブハブしもきたざわ

サウナ、ミニシアター、ボタニカルガーデンカフェで構成された「ととのい空間」。ヘッドフォン形式の最新型上映システムを導入したミニシアターでは、サウナ後に見るべき作品などを上映。

MAP P.169 C-3 ☎なし ⚲世田谷区代沢5-8-6 🕐9:00〜23:00 🔒不定休 🚉小田急線下北沢駅南西口から徒歩7分

SAUNA DATA
基本料金
プライベート120分7000円〜（4名まで）
パブリック1800円〜
部屋数
5部屋

103

世界中の素敵なものが集まる東京。見ているだけで癒やされる個性際立つ文房具ショップにも、日々手元に置いておきたくなるものがあふれています。

1 レトロな色合いやモチーフが特徴のニューレトロシリーズ **1** ミニ水筒各1958円 **2** 巾着袋770円 **3** 紙せっけん462円

1 アメリカ製のメッセージカード各330円〜。年齢別がおもしろい **2** ミルクキャップやラベルなどのパーツ220円〜、トレイは1650円 **3** 海外の使用済みの伝票など330円〜

HIGHTIDE STORE MIYASHITA PARK
ハイタイドストア ミヤシタパーク

オリジナル系

豊富な自社ブランド品が大集合
福岡を拠点に海外でも展開する文具・雑貨メーカーの関東初の直営ショップ。機能性やデザイン、素材にこだわったオリジナルブランド品が一堂に見られます。

MAP P.177 C-2
☎03-6450-6203 渋谷区神宮前6-20-10 MIYASHITA PARK South 2F ⏰11:00〜21:00 施設に準ずる 地下鉄渋谷駅B1出口から徒歩1分

THINGS 'N' THANKS
シングス アンド サンクス

メイドインアメリカ&東欧

アメリカや東欧の希少なヴィンテージ文具
店主自ら海外で買い付けた古文具が小さな引き出しの中までぎっしり。ジャンクジャーナル作りにも大活躍するヴィンテージパーツの種類は目を見張るほど。

MAP P.183 B-5
☎080-9216-4611 台東区駒形2-2-10 ファインライフ3F※入口は1階にあるハンバーガー店の入口とは異なるので注意 ⏰12:00〜19:00 月〜水曜 地下鉄蔵前駅A7出口から徒歩1分

こだわり無限。ぜーんぶ欲しくなる!

文房具が好きすぎて♡

8
9
10
11
12
13
14

15
16
17

18

1 メッシュポーチA6サイズ 各1650円 **2** フランスの大統領官邸エリゼ宮とのコラボノートブック 各2310円 **3** TIGRE MINIポーチ各1980円

1 ダイカットカードメモbyますこえり550円 **2** LIFEリングノートA6横罫495円、B6方眼550円 **3** マスコハンコ 小990円、大1320円

19
20
21

PAPIER TIGRE
パピエ ティグル

メイドインフランス

パリ生まれのおしゃれなプロダクト

パリに本店があるプロダクトブランドの世界で2番目の直営店。同じデザインを追加生産しないコレクション性の高いメイド・イン・フランスのノートなどが人気。

MAP P.172 F-4

☎03-6875-0431 ⊕中央区日本橋浜町3-10-4 ◷12:00〜18:00、土・日曜・祝日〜19:00 ⬤月・火曜(祝日の場合は営業) ⚲地下鉄水天宮前駅4番出口から徒歩6分

GOAT
ゴート

セレクト系

メイドイン東京の魅力的なアイテム

東京のメーカーを中心に、日本各地から厳選した使い心地のいい文房具を販売。イラストレーターのますこえりさんとコラボしたオリジナルアイテムも。

MAP P.168 D-1

☎非公開 ⊕文京区千駄木2-39-5-102 ◷金曜13:00〜18:00、土・日曜12:00〜18:00 ⬤月〜木曜 ⚲地下鉄千駄木駅1番出口から徒歩3分

22
23
0

ちょっと小腹がすいたな、おやつの時間にしよう！そんなときにぴったりな食べ応えのあるスイーツを集めました！

できたてバターはまるまる1本いけちゃう 驚きのおいしさ!!

パンケーキ

BUTTER美瑛放牧酪農場の「ミルクを食べるバター」を食べるホットケーキ 2420円

余ったら持ち帰れます

自社牧場から直送したクリームを使い、丸の内の店舗で作るできたてバターが自慢。ミルク感のある優しい味わい A

プリン

プリン、アイス、ソース パウダーと抹茶尽くし

抹茶抹茶抹茶プリン 850円

京都府宇治市内産の希少な抹茶をスイーツに。芳醇な香りと抹茶本来の甘味が楽しめます B

"厳選"した旬の 味利きフルーツがたっぷり♡

フルーツサンドイッチ

宮崎マンゴー サンドプレート 2500～3500円 （フルーツ時価、夏季限定）

提供時期に一番おいしいフルーツを使用。仕入れ状況により変更あり C

バターのような口溶けの47％純生クリームなど高級素材を使用したハイエンドな大人のクレープ D

クレープ

美しくリッチな味わいの大人のクレープにぼれぼれ♪

A BUTTER 美瑛放牧酪農場
バターびえいほうぼくらくのうじょう

MAP P.173 B-3
☎03-5860-3695 🏠千代田区丸の内2-4-1 丸の内ビルディングB1F ⏰11:00～20:00、日曜・祝日～19:00(LO各1時間前) 🏛施設に準ずる ♥地下鉄二重橋前(丸の内)駅5a・5b出口直結

B IPPUKU&MATCHA 代々木上原店
イップクアンドマッチャ よよぎうえはらてん

MAP P.176 D-1
☎080-7306-8686 🏠渋谷区上原3-44-11 第一高宏ビルB1F ⏰12:00～19:00(LO18:30)、土・日曜・祝日11:00～ 🏛月曜 ♥各線代々木上原駅西口から徒歩3分

C ダカフェ恵比寿店
ダカフェ えびすてん

MAP P.184 F-2
☎080-7139-6610 🏠渋谷区恵比寿南3-11-25 プリンススマートイン恵比寿1F ⏰6:30～18:00(LOフード17:00、ドリンク17:30) 🏛無休 ♥地下鉄恵比寿駅5番出口から徒歩2分

D PÄRLA 銀座店
パーラ ぎんざてん

MAP P.171 C-2
☎03-5962-8072 🏠中央区銀座5-2-1 東急プラザ銀座1F ⏰11:00～22:00(LO21:30) 🏛材料がなくなり次第終了 🏛施設に準ずる ♥地下鉄銀座駅C2・C3出口からすぐ

PÄRLA 銀座店の （左）薔薇と木いちご 1580円 （右）プリン・ア・ラ・モード 1680円

東京さんぽ

Tokyo West

下北沢

&

Tokyo East

蔵前

GUIDE

さてと！
何食べようかな

繁華街を少し離れると、のんびり歩きたくなる
ステキな街が点在。お茶したり、買い物したり。
さんぽにぴったりなエリアを厳選しました！

進化が止まらない
NEWシモキタ

下北沢

小劇場やライブハウスが点在し、サブカルチャーの聖地として知られる下北沢。街に根付く活気あふれる商店街に加え、人気の古着店やカフェなどもあり、多くの人でにぎわっています。そんな下北沢らしさは残しながらも、近年大きな変化が！ 理由は小田急線地下化による線路跡地や駅周辺の開発です。個性豊かな商業施設が続々とオープンし、さらにおもしろい街に。新しい下北沢をチェックしてみて。

ACCESS
最寄りは小田急線、京王井の頭線の下北沢駅。2線の駅はつながっていませんが、共に中央口の改札が向き合うようにあります。

シモキタの歩き方
小田急線世田谷代田駅と東北沢駅の間、下北線路街を中心に歩こう。つながっているので迷うことなく新しいシモキタを体感できます。

BONUS TRACKからスタート!

シモキタの歩き方

個性豊かなお店が集まるネオ長屋スタイルの商店街。季節ごとのイベントも楽しみ。

さてと！
何食べようかな

BONUS TRACK
ボーナストラック

MAP P.185 A-3 📞なし 🏠世田谷区代田2-36-12〜15 ⏰店舗により異なる 🚉小田急線下北沢駅南西口、世田谷代田駅西口から徒歩4分

体が喜ぶおいしい食品がたくさん！

発酵デパートメント
はっこうデパートメント
発酵の奥深さを知る

全国各地から集めた選りすぐりの発酵食品が常時100〜120種並び、なかでも調味料が充実。イートインスペースでは、発酵食品を使ったフードも。

🏠非公開 🏠BONUS TRACK 中央棟1F ⏰11:00〜18:30、飲食は11:00〜14:30（LO）🔒火曜

1 味噌きなこかりんとう400円。食べだしたら止まりません **2** オリジナルの発酵うまみ調味料、みりんとす1240円

泊まるのもアリ!
シモキタに温泉旅館

箱根の温泉が楽しめる露天風呂付き大浴場や割烹、茶寮、SPAでのんびり。宿泊なしの温泉と飲食の日帰りプランも（要予約）。

由縁別邸 代田
ゆえんべってい だいた

MAP P.185 A-3 📞03-5431-3101 🏠世田谷区代田2-31-26 ⏰IN15:00 OUT11:00 💴1泊1室3万2400円〜 🚉小田急線世田谷代田駅東口改札からすぐ

@Nacasa & Partners

台湾インディーズ音楽の世界に没入！

1 店内では視聴もできます **2** 気軽に味わえるあいがけ魯肉飯1180円。台湾のクラフトビールと一緒に

大浪漫商店
BIG ROMANTIC STORE
だいろまんしょうてん ビッグロマンティックストア

最新台湾音楽を浴びる

日本と台湾をつなぐ音楽レーベルの直営ショップ。台湾で人気のインディーズバンドや新進気鋭のアーティストの作品に触れながら、台湾屋台グルメを満喫！

☎非公開 🏠BONUS TRACK SOHO5 ◎11:00〜20:00、金・土曜〜21:00 🔒無休

日記のさまざまな楽しみ方に出合える

日記に使いたいレトロなオリジナルスタンプ

日記屋 月日
にっきや つきひ

日記に特化したユニークな店

幅広く揃う日記や日記にまつわる本は700種以上。書く、読む日記に加え、文具なども販売。カウンターでは、オリジナルの代田ブレンド350円など、ドリンクのテイクアウトができます。

☎なし 🏠BONUS TRACK SOHO9 ◎8:00〜19:00(LO18:45) 🔒無休

秋田のおいしいお米とおかずをいただきます

お粥とお酒 ANDON シモキタ
おかゆとおさけ アンドンシモキタ

ごはんに日本酒にお米がおいしい！

秋田県のトラ男米"あきたこまち"を使ったおむすびやお粥、お米スイーツなどが揃います。お酒も地酒からクラフトビールまで秋田産を中心にラインナップ。

☎03-5787-8559 🏠BONUS TRACK SOHO8 ◎11:30〜20:00(LO19:30)、土・日曜・祝日8:00〜 🔒無休

1 比内地鶏のお粥セット900円 **2** ネギトロといぶりがっこのトロガッコ丼セット1200円 **3** ダブルおむすびセット950円

シモキタの
2
歩き方

緑が気持ちいい
NANSEI PLUSへ

小田急線下北沢駅南西口前に広がる自然豊かなエリア。「(tefu) lounge」をメインに路店店やギャラリーなどが集まっています。

NANSEI PLUS
ナンセイプラス

MAP P.185 B-2 ☎なし 🏠世田谷区北沢2-21-22ほか ⏰💰店舗により異なる 📍小田急線下北沢駅南西口からすぐ

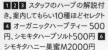

シモキタの原っぱ生まれの草花を愛でて味わって持ち帰って

1 2 3 スタッフのハーブの解説付き。案内してもらい10種ほどセレクト **4** オーガニックハーブティー500円、シモキタハーブソルト500円 **6** シモキタハニー巣蜜M2000円

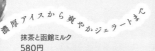

シモキタ園藝部 ちゃや
シモキタえんげいぶ ちゃや
シモキタ生まれがたくさん

ワイルドティーと天然蜂蜜、草花の店。向かいの野原で育てるハーブを摘んでフレッシュハーブティーを作る「ハーブ摘み取り体験」1000円がおすすめ。
☎03-6805-5887 🏠NANSEI PLUS ⏰13:00 ～ 18:00、夏季週末休日～ 19:00 🔒月・火曜

濃厚アイスから爽やかジェラートまで

抹茶と函館ミルク
580円

madokara icecream
マドカラアイス
おさんぽのお供にぴったり

カフェレストラン「胃袋にズキュン」の出窓で販売する自家製アイスクリーム専門店。イタリアから届いたマシンを使って作るアイスは常時6種類～。
☎090-1905-2122 🏠NANSEI PLUS1F ⏰11:00 ～ 21:00（売り切れ次第終了）🔒月曜

用途や気分に合わせて席を選び過ごせる

(tefu) lounge
テフラウンジ
まちのラウンジ

ラウンジスペースを中心にした複合施設。仕事や、お茶、語らいなど使い方はさまざま。シェアオフィス、ミニシアターなども併設。
☎なし 🏠(tefu) lounge ⏰9:00 ～ 21:00（LO20:30）🔒無休

シモキタエキマエシネマK2

待ち合わせ場所
としても大活躍

シモキタの 3 歩き方

駅近ならココ！ 高架下のミカン下北へ

京王井の頭線高架下に誕生した複合施設。多国籍な飲食店街や書店、ワークスペースなど、約20店舗が集結。

ミカン下北

ミカンしもきた

[MAP] P.185 B-2 ☎なし ⌂世田谷区北沢2-11-15 ほか ⌂店舗により異なる ⌂各線下北沢駅中央口からすぐ

気取らず楽しくベトナム屋台料理に舌鼓

3びきの子ねこ

さんびきのこねこ

レトロかわいい古着

主にレディースの国産古着を多数揃える古着店。洋服だけでなく、海外から直接買い付けるリーズナブルなアクセサリーも。お気に入りを見つけて。

☎03-6805-2545 ⌂ミカン下北 A街区A-101東洋百貨店 別館内 ⌂11:00～20:00 ⌂不定休

アクセサリーは最安55円！古着は990円から1万円が多い。気になったら即買い！

ぎゅうぎゅう＆どっさり。探すのも楽しい

ランチメニューの生麺のフォー（写真は蒸し鶏のフォー）と生春巻き、ハス茶のセット 1130円

チョップスティックス 下北沢店

チョップスティックス しもきたざわてん

もちもち食感の生麺フォー

日本では珍しい国産米を使った生麺フォーと、自家製パンのバインミーが名物。昼はベトナム食堂、夜はお酒とベトナム屋台になります。

☎03-6805-5833 ⌂ミカン下北 A街区A-206 ⌂11:30～15:00（LOフード14:30）、17:00～22:00（LOフード21:00）⌂無休

BROOKLYN ROASTING COMPANY SHIMOKITAZAWA

ブルックリン ロースティング カンパニー シモキタザワ

ニューヨーカー御用達のコーヒー

ブルックリン発コーヒーショップの初業態となるカフェレストラン。料理にもこだわり、代々木公園の人気イタリアン「LIFE」のシェフが監修。

☎03-6450-8681 ⌂ミカン下北 B街区B-101 ⌂8:00～22:00（LOフード21:00、ドリンク21:30）⌂無休

カプチーノ594円

中は高架下とは思えぬ
開放的な広々とした空間

reloadで
フィニッシュ!

1・2階あわせて全24区画からなる低層分棟の個店街。個性が光るショップやレストランが集結。

reload
リロード

MAP P.185 C-1

🏠なし 🏢世田谷区北沢3-19-20
🕐店舗により異なる 🚉小田急線
東北沢駅から徒歩2分、各線下北沢駅中央口から徒歩4分

スタンディングで
唯一無二の極旨カレーを

極辛口のウルルカレー1200円。カレーは常時10種ほど

SANZOU TOKYO
サンゾウ トウキョウ

カレー激戦区シモキタに新風
千葉県柏市の名店「ボンベイ」のDNAを受け継ぎながら、新たなスタイル、味を提案。スパイスを駆使した滋味深いカレーは感動的。

☎03-5738-7744 🏠reload 1-7 🕐11:00～20:00(LO19:30) 🔒無休

見ているだけで楽しい
アイテムがいっぱい

抹茶ラテ660円。京都宇治抹茶と福岡八乙女茶を使用

色、味、香りを最後まで

芳醇な抹茶の

しもきた茶苑大山
しもきたちゃえんおおやま

茶師十段のいる日本茶専門店
50年以上続く下北沢の名店がreloadへ移転。高級玉露や有機栽培茶など幅広く揃えます。抹茶ラテやほうじ茶ラテなどのテイクアウトも人気。

☎03-3466-5588 🏠reload 1-11 🕐9:00～19:00、テイクアウトは14:00～18:00 🔒水曜

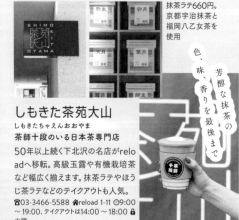

DESK LABO
デスクラボ

日常使いから贈りものまで
店内に並ぶのはユニセックスな文房具と雑貨。かわいすぎず文化を感じるものをセレクトしているそう。ユニークなアイテムも多い。

☎03-6804-9270
🏠reload 2-6 🕐12:00～19:00 🔒月曜

1 スクラブスポンジ（3個セット）1320円 **2** 林刃物のハサミ990円～ **3** Out of Printのトート3300円

贅沢な空間でブランドの世界観をたっぷり堪能できます

1 フレグランスキャンドル7700円 **2** マッチ330円。長さがあり便利 **3** 真鍮のインセンスホルダー1万3200円とバンブースティック型のお香2200円 **4** ディスカバリーセット5500円。4種の香りが楽しめるお香（12本入り×4種）

実際手にとり試せるのはうれしい

APFR TOKYO
エーピーエフアール トウキョウ
日本発のフレグランスブランド

ブランド全種類の香りとアイテムが揃う直営店。自然・万物の恵みを感じる素材がちりばめられた空間に、ガラス作家特注の美しいテスターグラスがきらめきます。

☎03-5738-8641 🏠reload 1-5 ◎11:00～20:00
🔒不定休

泊まるのもアリ！
レコードが聴ける都市型ホテル

"街の隠し味的存在に"がテーマのシンプルな都市型ホテル。全客室にレコードプレーヤーを完備しているのも下北沢らしい。

MUSTARD™ HOTEL SHIMOKITAZAWA
マスタード ホテル シモキタザワ
MAP P.185 C-1
☎03-6407-9077 🏠世田谷区北沢3-9-19 ◎
IN15:00 OUT11:00 ◎1泊1室1万8000円～ 📍
小田急線東北沢駅西口から徒歩1分

エッグタルト297円（1個）

GH COOKIES.
ジーエイチ クッキーズ.
パン職人が作るこだわりのスイーツ

人気ベーカリー「GARDEN HOUSE」初のベーキングスイーツショップ。旬のフルーツを使うクレープのほか、焼き菓子が充実。手みやげにクッキー缶もおすすめ。

国産小麦にこだわった生地が美味。クレープ680円～。写真左は季節限定商品

☎03-6407-9899
🏠reload 1-9 ◎11:00
～19:00 🔒無休

カフェやショップ
めぐりはマスト！

風が気持ちいい
隅田川沿いへ

センスがキラリ。
東京のブルックリン

蔵前

江戸時代、墨田川沿いに幕府の米蔵が並んでいた蔵前。明治時代以降は職人の街として栄え、近年はものづくりの精神を受け継ぐクリエイターが集まる街として注目されています。古い倉庫や工場をリノベーションしたショップやカフェも多く、「東京のブルックリン」とも呼ばれ、伝統とモダンが共存した独特の風景が新鮮です。東京の古くて新しい風を感じに、蔵前周辺をのんびり歩いてみて。

蔵前でしたい
1
こと

どちらもOK！
ランチ＆ショッピング

店主のこだわりあふれるお店がたくさん。その世界観をまるまる堪能できる2店をご紹介。どちらも丁寧な暮らしがベースで心が洗われます。

地球にも人にも優しい
循環するライフスタイルを

ELAB
エラボ

まず味わって食からスタート

"循環する暮らしを選ぶ"をコンセプトにそれを実践するラボ。近隣の有機農園から直送される野菜など、素材を生かした料理を提供。お店で使用する食材や洗剤などの計り売りも。

1 エラボボウル1700円。ライスの上に大豆のファラフェルとデリ2種、サラダ
2 デリなどテイクアウトもOK。リターナブル容器で
3 うなぎの寝床のような店内の奥はカフェとショップのスペースが
4 オリジナルの器も販売

MAP P.184 D-4 ☎070-1390-0599 🏠台東区鳥越2-2-7 1F ⏰11:00〜20:00(LO19:00)、土・日曜〜18:00(LO17:00) 📅月曜 📍地下鉄蔵前駅A3出口から徒歩7分

ACCESS

最寄りは都営地下鉄浅草線と大江戸線の蔵前駅。ただ2駅はつながっておらず独立した駅なので注意。ほか浅草駅、田原町駅、浅草橋駅なども徒歩圏内。

蔵前でしたいこと

ものづくりの街らしい個性豊かなショップやカフェをめぐろう。古い倉庫や工場、古民家などをリノベーションした建物は雰囲気も抜群。

2F 店主の手作り料理はどれも
心に染みる優しい味わい

1 マイルドながら後味スパイシーなLunch Curry 1300円（コーヒー or 紅茶付き）。クラシックプリン600円は昔ながらのしっかり食感。オーガニックジンジャエール650円もおすすめ **2** 1階とはまた異なる雰囲気

1F 穏やかな時間が流れる空間で
運命の出合い、古道具を見つける

次は
どこに行こう？

3 入口にも古道具が **4** 作家さんの器や革製品なども **5** コーヒーはハンドドリップで **6** 朝はレモンケーキなどの手作りスイーツを焼く甘い匂いが漂います **7** 1階はドッグフレンドリーのカフェ席も

Ikoi.
イコイ

**長屋の一角にある
ショップ＆カフェ**

民家として使用されていた場所をリノベーション。1階には日本各地から集めた古道具などが並びます。靴を脱いで階段をのぼると2階はカフェに。長居したくなる居心地のいい空間です。

MAP P.184 D-4 ☎なし ⌂台東区鳥越1-17-7 ◎11:00～19:00 🔒木曜 ♥地下鉄蔵前駅A3出口から徒歩10分、JR浅草橋駅西口から徒歩10分

蔵前でしたい **2** こと

かわいい雑貨店をはしご

手仕事の街と言われる蔵前らしいオリジナル雑貨から店主のセンスに惚れちゃうセレクト雑貨まで。通り過ぎるなんて無理！ な素敵なお店がいっぱい。

トキメキが止まらないかわいいラッピングペーパー！

こちらは世界各国のラッピングペーパーです

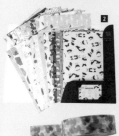

1 ぽちぶくろ ねこセット385円 **2** 包装紙ハーフサイズ25枚セット TOKYO SELECTION（蔵前店限定）2200円 **3** マステ各495円 **4** オリジナルデザインペーパー 1枚110円、5枚500円

REGARO PAPIRO
レガーロ パピロ

新作や季節柄の登場も楽しみ

福岡の本店と蔵前に店を構える包装紙専門店。おしゃれ系からユニーク系まで、オリジナルは約100種、海外輸入のセレクトは約180種揃います。オリジナルの紙雑貨も豊富。

(MAP) P.184 D-4

☎03-4362-9868 🏠台東区鳥越2-2-7 1F ⏰11:00 〜13:15、14:00 〜 18:00、土・日曜・祝日11:00 〜 18:00 🈺火曜、他不定休 📍地下鉄蔵前駅A3出口から徒歩7分

1 自分で調合するワークショップでのオーダーインクは1瓶5500円 **2** ラウシャガラスペン／ブルー 1万9800円

マイノート＆インクをオーダー！

カキモリ

**全国からファンが訪れる
人気文具店**

書くことが楽しくなるオリジナル文具を製造販売。自分で紙を選んで作る世界でひとつのオーダーノートが人気。併設の「Inkstand by Kakimori」ではインクのオーダーも可能。

(MAP) P.184 D-4

☎050-3529-6390 🏠台東区三筋1-6-2 ⏰12:00 〜 18:00、土・日曜・祝日11:00 〜 🈺月曜（祝日の場合含む）📍地下鉄蔵前駅A3出口から徒歩6分

ライフスタイルが豊かになるアイテムたち

1 「JICON」の箸置き3種セット2255円 **2** 松田紗和さん作マクラメレースのピアス7150円〜 **3** 天然素材のみで作られた「sheep」のソイキャンドル(レモングラス)3080円(SS)とグラスドーム6930円(SS)

道具屋 nobori
どうぐや ノボリ
お気に入りが見つかる
器やグラスを中心にアクセサリーや服など、生活に寄り添うものをセレクト。アジアのミックス感が心地いい空間に、デイリーユースからギフトまで、センスのいいアイテムがたくさん。
MAP P.183 A-4
☎非公開 🏠台東区寿3-7-1 ⏰11:00 〜 18:00 🔒無休 📍地下鉄蔵前駅A5出口から徒歩2分

チェコ好きが悶える
お宝満載のラインナップ

中2階には古本＆絵本！

1 ウランガラスのボタン1650円〜 **2** チェコガラスの香水瓶4400円。ひとつひとつ手作り **3** クルテクの木製フィギュアスタンプ各748円 **4** ビールラベルセット1320円(15枚入)

hacek
ハーチェク
チェコの歴史が香る魅惑の品揃え
店主が現地で買い付けたチェコ雑貨がぎっしり。ヴィンテージが中心で、一点ものも多数。蛍光に発光するウランガラスや国民キャラ「もぐらのクルテク」グッズはかなりの充実度。
MAP P.184 D-3
☎なし 🏠台東区三筋2-5-6 ⏰12:00 〜 19:00 🔒月曜
📍各線新御徒町駅A4出口から徒歩6分、地下鉄蔵前駅A0出口から徒歩8分

ときめきあふれるカフェで過ごす

蔵前には穏やかな空気が流れる大人のカフェが点在。街歩きの合間に立ち寄ったり、カフェ目当てにはしごしたり。お気に入りのカフェを見つけに行きましょう。

蔵前でしたい 3 こと

カヌレ×デザート×紅茶でプチ贅沢

グランカヌレ&アールグレイのティラミス1580円。濃厚なカヌレにアールグレイが香る華やかでビターなティラミスがマッチ。ティーセットはプラス480円

2F

1F

1階はクラマエ・カヌレ290円を提供するカヌレ専門店。焼き上がりには行列ができるほど。イートインスペースも併設。カヌレ・ド・ティー 480円と一緒にぜひ

KURAMAE CANNELE CAFE

クラマエ カヌレ カフェ

優雅にティータイムなら

ゆったりとしたラグジュアリーな空間で味わえるのは、カヌレ専用卵を使用したプレミアムなグランカヌレ。おすすめはグランカヌレとの相性を考え開発したスイーツプレート。種類豊富な紅茶と一緒に味わって。

MAP P.184 E-4

☎なし ♠台東区蔵前2-1-23 蔵前第二ビル1・2F ⊙1F11:00〜19:00、土・日曜・祝日10:30〜、2F11:00〜18:00(LO17:00) 🔒月曜(祝日の場合は営業) ♥地下鉄蔵前駅A1b出口から徒歩1分

1 チャイ600円〜と茶葉を使用したスパイスシフォンケーキ700円 2 無機質な空間 3 チャイは常時4種類、期間限定茶葉も登場

COBACHI CHAI

コバチ チャイ

おしゃれな本格チャイ

人気ファッションブランド「RYU」のコンセプトショップ「COBACHI TOKYO」に併設するスパイスチャイ専門店。デザイナー自らがプロデュースして作るチャイは本格的でセンスも抜群。

MAP P.183 A-5

☎03-5829-6877 ♠台東区蔵前3-19-6 ⊙11:00〜19:00 🔒無休 ♥地下鉄蔵前駅A6出口から徒歩2分

世界中から厳選したスパイスを調合したオリジナル

次はどこに行こう？

Tokyo East area **KURAMAE** cafe

クラシカルな雰囲気に包まれる大人の喫茶室

1 インテリアはオーナーのセレクトが中心 **2** 季節のシュークリーム720円、カフェラテ650円。コーヒーは隣接の「半月焙煎研究所」の自家焙煎豆を使用

喫茶 半月

きっさ はんげつ

落ち着いた空間に癒やされる

昭和レトロなウグイスビル1階にある、アンティーク風の家具に囲まれた美しいカフェ。壁一面に配された棚にはノリタケのカップソーサーが並び、ギャラリーのような空間。

MAP P.184 E-3

📱なし 🏠台東区蔵前4-14-11 ウグイスビル103 ⏰12:00～19:00(LO18:30) 🔒無休 ♦地下鉄蔵前駅A0出口から徒歩2分

カカオ豆の香りに包まれたチョコレート工場

1 フローズンチョコレート880円 **2** ガナッシュがとろけるマシュマロを炙ったスモア620円 **3** マヤ・マウンテン、ベリーズ70%1400円

ダンデライオン・チョコレートファクトリー＆カフェ蔵前

ダンデライオン・チョコレートファクトリーアンドカフェくらまえ

ファクトリーに併設されたカフェ

サンフランシスコ発祥のBean to Bar チョコレート専門店。製造工程を間近に見ながら、チョコレートを選べます。2階はチョコレートメニューが楽しめる広々としたカフェスペース。

MAP P.184 E-3

📞03-5833-7270 🏠台東区蔵前4-14-6 ⏰10:00～19:00 🔒不定休 ♦地下鉄蔵前駅A0出口から徒歩5分

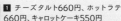

1 チーズタルト660円、ホットラテ660円、キャロットケーキ550円

夜はぐっとムーディーにまどろみの時間

ARC

アーチ

こだわり空間でチルなひととき

鳥越神社の前にあるおしゃれなカフェ。アーチ型のカウンターやソファが配されたスタイリッシュな空間には、真空管アンプや大型のスピーカー。心地のよいレコードサウンドが流れています。

MAP P.184 D-4

📞03-5829-4145 🏠台東区鳥越2-3-4 ⏰10:00～23:00(LO22:30)、土・日曜8:30～ 🔒不定休 ♦地下鉄蔵前駅A3出口から徒歩7分

TOKYO THE BEST TIME

IN THE

Night

18:00 - 21:00

キラキラ輝く街にテンションもUP。エネルギッシュな街、東京を肌で感じ、ワクワクが止まりません。夜ごはんの選択肢も豊富。いまどき酒場でわいわいはしご酒や大人の隠れ家でチルタイム、老舗で東京名物に舌鼓などなど。気分によって使い分けて！

ビュー自慢のテラスを誇る代官山
の「Hacienda del cielo
MODERN MEXICANO」
(→P.137)。店内も開放感抜群で
おすすめ!

BEST TIME
18:00

夕方からだって楽しめちゃう
TOKYO
2大没入体験スポット

IN THE *Night* 18:00-21:00

新世代エンタメ施設で
完全没入体験！

異世界へ誘ってくれる施
設が続々誕生している東京。
なかでも麻布台ヒルズの「森
ビル デジタルアート ミュージ
アム エプソン チームラボボ
ーダレス」と、としまえん跡
地にオープンした「ワーナー
ブラザース スタジオツアー東
京ーメイキング・オブ・ハリ
ー・ポッター」はスケールが
段違い！ どちらも日時指
定の事前予約制。即スケジュ
ーリング！

チームラボ《Bubble Universe: 実体光、光のシャボン玉、ぷるんぷるんの光、環境が生む光 - ワンストローク》©チームラボ

没入
POINT
2

"美しい茶"の世界を
飲みながら体験

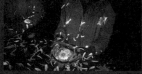

チームラボ《小さきものの中にある無限の宇宙に咲く
花々》© チームラボ

EN TEA HOUSE - 幻花亭
エン ティー ハウス　げんかてい

お茶に生まれた器の花々を感じながらティ
ータイム。花々は無限に広がり、味わい
ながら変化。幻想的な世界に包まれます。
メニューは水出し緑茶600円など。

⌂森ビル デジタルアート ミュージアム：エプソン
チームラボボーダレス ⏱11:00～21:00（LO20:30）
⚠施設に準ずる ※利用にはチームラボボーダレス へ
の入場が必要です

チームラボ《人々のための岩に憑依する滝 》
©チームラボ

没入
POINT
1

ボーダレスな異次元の
アートの世界へ

**森ビル デジタルアート ミュージアム
：エプソン チームラボボーダレス**

もりビル デジタルアート ミュージアム
：エプソン チームラボボーダレス

チームラボ《人間はカメラのように世界を見
ていない》©チームラボ

お台場から移転し、新作を含む70以上の作品群
を展示。作品同士が混ざり合う唯一無二の世界、
境界線のないアート群に身体をゆだねて楽しんで。

🗺 P.178 D-4 ☎03-6230-9666 🏠港区麻布台1-2-
4 麻布台ヒルズ ガーデンプラザB B1F ⏱9:00～21:00
（最終入館は公式サイトを確認）⚠不定休(公式サイトを確
認) 💴4000円～ ※日時指定の事前予約制。公式サイトか
ら購入 ♀地下鉄神谷町駅5番出口から徒歩2分

★★★ チームラボには、作品の中で自分が描いて生まれた魚をオリジナルのプロダクトにできるショップも。

没入 **POINT 1**

目の前にホグワーツ特急！

魔法学校に入学する！

没入 **POINT 2**

名シーンを演じて

パシャリ！

魔法界への入口、9と3/4番線

実物大のホグワーツ特急が乗り入れるプラットホーム。汽車の中も忠実に再現されています

世界初の巨大セット、魔法省

映画で実際に使用されたゲートも！

夜の雰囲気も素敵なダイアゴン横丁

魔法使いの重要アイテムを扱う店がずらり

キャラクターの衣装も並ぶ大広間

精巧なセットや古道具でまさに映画の世界

ワーナー ブラザース スタジオツアー東京 -メイキング・オブ・ハリー・ポッター

ワーナー ブラザース スタジオツアーとうきょう - メイキング・オブ・ハリー・ポッター

映画『ハリー・ポッター』制作の舞台裏を体感できるウォークスルー型施設。英国スタッフが制作したセットや小道具、衣装を見たり、体験アクティビティを満喫。食事やグッズもお忘れなく。

MAP P.169 B-1 ☎なし 🏠練馬区春日町1-1-7 🕐時期により異なる（公式サイトを確認）🔒不定休 💰6500円〜 ※日時指定の事前予約制、公式サイトから購入 🚉西武池袋線・豊島線豊島園駅から徒歩2分 Warner Bros. Studio Tour Tokyo – The Making of Harry Potter.

没入 **POINT 3**

カフェ＆バーで

魔法界グルメを堪能！

バタービール バー

魔法ワールドでも人気のバタービール各1100円（カップ付き）

バックロットカフェ

グリフィンドールプレート（ローストビーフ）3200円（ドリンク付き）

アラゴグの隠れ家〜チョコレートケーキ添え〜1000円

123

BEST TIME
18:00

話して、試して、味わって。トータルで、
カラダを整える
かけこみSPOTあります

nu NIHONDO KANPO GALLERY
百薬

体の調子やお肌の具合"漢方"で向き合ってみる

「漢方っていらしい」「でも難しそう」そんな人には「ニホンドウ漢方ミュージアム」がおすすめ。漢方相談だけでなく、カジュアルに漢方を体験できるスポットです。漢方は体のバランスを整えるもの。漢方はそのひとつで、養生、整体などさまざまあります。漢方は一生使える知識。この機会に取り入れてみませんか?

① 観る

漢方にカジュアルに触れる

2階にあるギャラリー。壁一面には百薬がずらり。江戸時代の道具を使い、生薬をすりつぶしたり、生薬の香りを感じたり、見るだけでなく体験も。

南青山

ニホンドウ漢方ミュージアム
ニホンドウかんぽうミュージアム

2022年7月に品川から移転した漢方ライフスタイル複合型ショップ。ブティック、ギャラリー、スクール、レストランの4施設で構成。

MAP P.174 D-5
☎03-5774-4193 ♥港区南青山5-10-19 青山真洋ビル1・2F ⏰11:00〜20:00 🔒無休 ♥地下鉄表参道駅B1出口から徒歩2分

② 相談する

漢方薬は煎じて飲むタイプと粉薬と錠剤の3種

自分のカラダ、
肌と向き合う

具体的な不調がある人は、専門家への相談も可能。その人に合わせた漢方薬を選んでくれます。

★ ★ ★ 漢方スクールもあり、初心者向けの一日完結型セミナーも充実。

③試す

漢方をライフスタイルに 取り入れる

〈甘酸っぱい〉

1階にあるブティック。広々とした空間にお茶などの食品やスキンケアなどを揃えます。ギフトにも最適。

1 なつめスナック680円(20g) **2** サンザシ条324円(180g) **3** 霊芝やおたね人参エキスの源生寿9720円(100ml) **4** 入浴剤の薬湯385円(1フ包。医薬部外品) **5** オリジナルの和漢茶、妃美茶と活元茶。各1188円

④味わう

食材と和漢素材の力を融合させた薬膳料理を提供しています。

美味しくてヘルシーな薬膳を

〈全10種!!〉

一人鍋の薬膳スープ鍋(岩中豚・玄米セット)1890円。薬膳スープ粥は590円～1190円

薬膳レストラン 10ZEN
やくぜんレストランジュウゼン

漢方理論に基づいたメニューが充実。体質タイプがチェックできる"気血水"のチェックシートもあるので、メニュー選びに活用したい。

MAP P.174 D-5
☎03-6450-5834 🏠ニホンドウ漢方ミュージアム B1F
🕐11:00 ～ 22:00(LO21:00) 🔒無休

〈コチラもおすすめ!〉

漢方をライフスタイルに 取り入れる

台湾が好き! おしゃれ! そんな理由で漢方デビューする人も大歓迎!!

〈日本橋〉

DAYLILY 誠品生活日本橋店
デイリリー せいひんせいかつにほんばしてん

台北に1号店を構える台湾発漢方のライフスタイルブランド。薬ではなく、生活の一部として気軽に取り入れられるお茶やお菓子、サプリメントなどがラインナップ。

MAP P.172 D-1
☎03-6265-1816 🏠中央区日本橋室町3-2-1 COREDO室町テラス2F誠品生活日本橋 🕐11:00 ～ 20:00、土・日曜・祝日10:00 ～ 施設に準ずる 📍地下鉄三越前駅地下直結

1 黒糖生姜茶のUplift Ginger Syrup3280円 **2** ナツメや黒豆が入ったお茶EAT BEAU TEA2680円(詰め替えは3850円)

バイザエシカル
スピリッツ&
カンパニー

2F
エシカル・スピリッツのジンを楽しめる「Bar & Dining Stage」。それぞれの"香り"に合う料理を提供

BEST TIME
18:00

ハマる人続出中
クラフトジンデビュー
するならこの4軒

香りも味わいも華やか！
クラフトジンの世界へ

東京だけでなく世界中で人気沸騰中のクラフトジン。自由度が高く、さまざまなボタニカルを使用して造られるので、とにかく個性豊か。大量生産していないため希少性も高いですが、数多くある中から、好みのジンを探すのも楽しい！

東京リバーサイド蒸溜所
by The Ethical Spirits
とうきょうリバーサイドじょうりゅうじょ
バイザエシカルスピリッツ

世界初の再生型蒸溜所。1階オフィシャルストアでは、窓の向こうにある蒸溜所を覗きながら、香水瓶を使って香りを試し感じて、ジンを選べます。

1F

MAP P.184 E-3
☎非公開 🏠台東区蔵前3-9-3 白井ビル1・2F ⏰13:00～19:00 2Fは18:00～23:00（LOフード22:00、ドリンク22:30）🈳1Fは月・火曜、2Fは日・月曜 🚇地下鉄蔵前駅B1出口から徒歩3分

01 未活用資源・素材を使用
蔵前発エシカルなクラフトジン

1 酒粕を再蒸留した「LAST ELEGANT」2475円（375ml）**2**「CACAO ÉTHIQUE」3300円（375ml）カカオの皮を活用 **3** 日本酒を再生させた「NINJA」

02 蒸溜所併設のバー＆
居酒屋でカジュアルに！

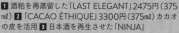

「COMMON」がベースの **1** ジンモヒート1320円 **2** ジンハイボール880円 **3** ジンシャリベリーニ1100円

酒食堂 虎ノ門蒸留所
しゅしょくどう とらのもんじょうりゅうじょ

店内で蒸留するのは、東京の島焼酎と青梅の名水を原料とするオリジナルの虎ノ門ジン「COMMON」。ハイボールやレモンサワーで味わって。

MAP P.178 E-2
☎03-6205-7285 🏠港区虎ノ門1-17-1 虎ノ門ヒルズ ビジネスタワー3F ⏰11:30～15:00（LO14:30）、17:00～23:00（LO 22:00）、土曜12:00～22:30（LO 21:30）、日曜・祝日12:00～22:00（LO 21:00）🈳施設に準ず る 🚇地下鉄虎ノ門駅直結

★★★ クラフトジンはジュニパーベリーを風味付けに使う蒸溜酒。造り手のこだわりが光ります。

バーの空間はオーセンティック感にネオ東京をプラス

ジンの品揃えは国内外から約200種

03 角打ちもメインバーも。プライベート感満載

スピークイージー!? 隠し扉を見つけて！

1 角打ちはスタンディングのほかカウンター席も **2** 和歌山の有田みかんが香るオリジナル「HISAKA GIN」のジントニック1540円。**3 4 5** バーは別世界

THE HISAKA
ザ ヒサカ

角打ちジン酒屋とメインバーの2つのバー。角打ちではジントニックやジンソーダを、バーでは、オリジナルのカクテルを堪能できます。
MAP P.169 C-2
☎03-4363-9683 豊島区高田3-8-5 1F ⏱15:00～翌1:00 無休 各線高田馬場駅早稲田口から徒歩3分

デザインで選ぶのもアリ！

9 10 熊は本より蜂蜜1760円。熊本のジン「BEAR'S BOOK」と蜂蜜、シトラスジュースなどを使用。クマはほうじ茶寒天！

6 青リンゴやハーブが香る「THE ITALIAN GIN」 **7** ケニア産「PROCERA」。ボタニカルソルト付き。瓶は職人の手作り **8** 歌舞伎町コラボの「Ne10」。内藤とうがらしのスパイシーさが◎

The World Gin&Tonic 〔Antonic〕
ザ ワールド ジンアンドトニック アントニック

04 ジントニックから始めてみる？

日本初のジントニック専門店。ジンは世界中から約150種類をラインナップします。21時までの入店なら飲み比べ放題4000円（60分LO）がおすすめ。
MAP P.184 D-2
☎03-6303-1729 目黒区東山1-9-13 ⏱17:00～23:00(LO)、土・日曜・祝日14:00～ 無休 各線中目黒駅西口1から徒歩9分

1 イギリス産ノンアルコールジン「SEEDLIP」 **2** 洋ナシの香りがするベルギー産の「CLOVER」 **3** ジントニックは1杯900～1500円

お気に入り登録はマストです♡

通います。常連になりたいバル＆ビストロ

新鮮な旬の味覚も豊富です

```
ココが好きすぎて
□ コスパのよさ！
□ 目の前で調理するライブ感！
□ 使いやすいカウンター席！
```

生ハムも目の前で切り出します

おすすめワイン

maru 2F
マル ニカイ

ワインが豊富な老舗バル

酒屋の2階で20年愛されているお店。400種類以上揃った安くておいしいワインと食材にこだわった無国籍料理が評判です。

MAP P.172 E-5

☎03-3552-4477 🏠中央区八丁堀3-22-10 2F ⏰16:30～23:00(LO22:00) 🔒日曜・祝日 📍JR八丁堀駅B1出口からすぐ、地下鉄八丁堀駅A2出口から徒歩1分

フランス産シャンパン「ボランジェ スペシャル・キュヴェ」ボトル8379円

千葉産はまぐりの炭火焼き2個800円(産地は季節替わり)

長崎壱岐産アスパラのグリュイエールチーズソース1470円

ハモン イベリコ ベジョータ ホセリート（S）2800円

常連に愛される店は全てにハズレなし

繁華街はもとより、ビジネス街や住宅街の隅々にまで名店が潜んでいるのが東京のすごいところ。八丁堀の「maru 2F」は、高級ワインがネットで買うよりお得に飲めるなんてこともあるワイン好きの聖地。厳選食材で作る料理はどれもワインにぴったり。2020年にリニューアルオープンしたワインとフレンチのバル「maru 3F」もおすすめです。武蔵小山の「Eme」は、美食の町フランスのバスクやブルゴーニュ地方で修業を積んだ武藤シェフが腕を振るう隠れ家的ビストロ。武藤さんと豊富なグリーンが気持ちよく迎えてくれます。

ココが好きすぎて
□ 緑のアーチ奥に広がる癒し空間
□ シェフ自慢のバスク料理
□ 約400種類の豊富なワイン

パイ包み焼き
その日の厳選
食材3840円

↘ おすすめワイン ↙

シャルキュトリー盛り
合わせ2200円～

日替わりのフレ
ンチタパス盛り
合わせ1800円

1 緑を眺めなが
ら食事ができます
2 ディナーのあ
とは食後酒も 3
お店は金・土・日
曜だけオープンす
るグリーンショッ
プの奥。まさに隠
れ家！

1 スプリングシー
ドワイン モーニン
グ・ブリッジ・ロゼ
グラス990円／ボ
トル5280円 2 ド
メーヌ・プティ・ロ
ワ グラス1320円
／ボトル9680円

コースも
おすすめです

Eme
エメ

丁寧に本場の味を届ける

バスク地方の肉料理を詰めたパイ
包み焼きなどバスク料理を中心に、
多彩な技とアレンジでフランスの
本場の味を楽しませてくれます。

MAP P.169 C-5
☎03-5751-7636 ♠品川区小山3-11-2 1F ⏰12:00
～15:00(LO13:30)、18:00～23:00(LO21:00)
⏸月曜(祝日の場合は翌日)、ほか不定休あり ♀東急
目黒線武蔵小山駅東口から徒歩3分

SAKABA

ビジネス街のオフィスビル内にある酒場は穴場かもしれません。いろんなスタイルで利用できる、"おしゃれ"な酒場が年々増えています。

IN THE *Night* 18:00-21:00

A クラフト麦酒酒場シトラバ

小田原産レモンサワーもお忘れなく　和食

クラフトびーるさかば シトラバ

クラフトビールとザ居酒屋ごはんに＋αのパンチを効かせた料理が人気。8種あるフルーツサワーはノンアルコール○Kなのもうれしい。
☎080-6033-3314 ⏰11:00～23:00（LOフード22:00、ドリンク22:30）🔒施設に準ずる

（左から）CitraPort（1pint）1150円、胡麻鰤1080円、ブルーチーズポテサラ630円、うにとジャガイモのソテー 830円、ピングレビネガー 750円

通称ヤエパブ！新感覚の公共スペース

TERRACE
D　　　　　　A C
八重洲のロジウラ　イチジテイシ　B
ALL STANDS

ヤエスパブリック

3ゾーンあり、席はフリー。立ち飲みエリアALL STANDSの5店舗は、17時以降、モバイルオーダーが可能。シェアもできちゃう。

MAP P.173 C-4 🏠中央区八重洲2-2-1 東京ミッドタウン八重洲2F ☎店舗により異なる ⏰店舗により異なる 🚃各線東京駅地下直結（八重洲地下街経由）、地下鉄京橋駅7番出口から徒歩3分

B かき氷コレクション・バトン

春から初秋限定のお楽しみ　スイーツ

かきごおりコレクション・バトン

日本かき氷協会代表の小池隆介さんが選ぶ、全国の有名かき氷店がリレー形式で出店。2024年は谷中の「ひみつ堂」からスタート。
☎なし ⏰11:00～21:00※店舗入れ替え日短縮営業 🔒施設に準ずる

出店スケジュールを公式SNSでチェック！

C オルソー

本場台湾の屋台の味を　アジアン

白山の人気台湾料理店が出店。豚肉わんたん690円、豚足煮込み520円など本格台湾屋台料理とクラフトビールが楽しめます。
☎080-4179-7948 ⏰11:00～23:00（LO22:00）🔒施設に準ずる

D POPUP ラーメン

日本各地の名店が入れ替わる！　ラーメン

ポップアップラーメン

「RAMEN WALKING」が東京初出店。ラーメンデータバンク会長大崎裕史さんが監修し、全国の人気ラーメン店がリレー方式で登場。
☎03-6265-1575 ⏰11:00～23:00（LO22:30）🔒施設に準ずる

岐阜の「イロドリ」の鶏白湯ラーメン 味玉付き1020円

★★★ ヤエパブ内、飲食の常設店は9店舗。バーやコーヒ＆サンドサンドウィッチの店もあります。

フレンチ

オイル寿司は1貫
から注文可能。
1貫300円〜

塩とオイルで味わう新感覚鮨

C　振り塩とイタリアン
イル・フリージオ
ふりじおとイタリアン イル・フリージオ

イタリアン&
オイル寿司

山形県庄内浜の魚介をメインに、100種類以上の塩と30種類のオリーブオイルで驚き満載の味を届けます。

☎03-6273-3182 ⏰11:30〜15:00、17:00〜23:00、土・日曜・祝12:00〜15:00、17:00〜23:00(LO各1時間前)🚫月曜

① 虎ノ門限定のアフタヌーンティーは、おばんざいが付く2500円とマグロのうなじ、オマールエビのグラタンが付く3500円の2種

フレンチテイストの魚介料理

A　Äta 虎ノ門
アタ とらのもん

代官山のビストロ「Äta」の姉妹店。フレンチの技法で仕上げた魚介料理とワインが人気。アフタヌーンティーは前日までの完全予約制。
☎03-6811-2529 ⏰17:00〜23:00(LO22:00)、土曜・祝日12:00〜🚫臨時休業日曜

〜令和の横丁ではしご酒!〜

予約困難なお店を中心に東京の人気店26店が集結。一部店舗の"寄合メニュー"と角打ちのお酒が楽しめる寄合席でわいわい盛り上がろう。
MAP P.178 E-2
📍港区虎ノ門1-17-1 虎ノ門ヒルズビジネスタワー 3F ☎店舗により異なる ⏰施設に準ずる 🚇地下鉄虎ノ門ヒルズ駅直結

虎ノ門横丁
とらのもんよこちょう

角打ちもできます!

クラフト
ビール

① イサーンスペシャルセット1680円 ② イサーンの伝統を取り入れたインテリア

レモンサワーエールなど、クラフトビールは880円〜

10種類のビールをラインナップ

D　TORANOMON
BREWERY
トラノモン ブルワリー

台湾のNo.1クラフトビール「SUNMAI」と「NIHONBASHI BREWERY」によるコラボレーションビアバー。各店お料理とのオリジナルペアリングを楽しめる。
☎03-6273-3927 ⏰17:00〜23:00、土曜12:00〜、日曜・祝日12:00〜22:00(LO各30分前)🚫施設に準ずる

タイ東北の
イサーン料理

B　ソムタム ダー
タイ料理

バンコク発のイサーン料理店。名物は強い辛みが特徴の青パパイヤのサラダソムタム。辛み、酸味、甘みなどが絶妙に絡み合う逸品。
☎03-6550-9667 ⏰11:30〜15:00、17:00〜23:00、日曜・祝日11:30〜15:00、17:00〜22:00(LOランチ各45分前、ディナー各1時間前)🚫施設に準ずる

焼き魚

極上の刺身を焼く！

IN THE *Night* 18:00-21:00

本日の厳選5種
1人前5240円
（写真は2人前）

大トロ、中トロ、とら
ふぐなど贅沢尽くし

スタッフさんが
焼いてくれます

絶妙な加減が最大のポイント

1 赤酢を使ったしゃり
（小330円）の上にオ
ン 2 肉厚でぷりぷり
した穴子の白焼き 3
2階は半個室スタイル

築地焼うお いし川

つきじやきうお いしかわ

前代未聞"肉を使わない焼き肉"

焼き肉屋のようなメニューを海鮮だけで
表現。表面を炙ることで閉じ込められた
脂が、口に入れた瞬間にあふれだします。

MAP P.170 F-5
☎03-3541-3804
🏠中央区築地4-13-5
築地青空三代目別邸
1・2F ⏰11:00〜14:
30（LO14:15）、17:30
〜22:00（LO21:30）
🗓月曜 🚇地下鉄築地駅1番出口・築地市場駅A1出口
から徒歩5分

BEST TIME
19:00

今晩は焼いとく？

肉と魚。どちらにする？？

築地市場名物の「焼うお」で新境地を切り開くか、予約必須の秋葉原の「和牛放
題の殿堂」で肉にまみれるか。どちらにしても待っているのは口福のみです。

★ ★ ★ 和牛放題の殿堂 秋葉原 肉屋横丁と同じフロアに、和牛しゃぶしゃぶオーダーバイキング店もあります。

132

焼き肉

和牛が食べ放題！

和牛まみれコース
ソフトドリンク飲み放題付き
100分（LO80分）6980円

サイドメニューも盛りだくさん※写真はイメージ

和牛放題の殿堂 秋葉原肉屋横丁

わぎゅうほうだいのでんどう あきはばらにくやよこちょう

最高ランクの和牛を思う存分

和牛一頭買いの「平城苑」が経営。A-5ランクの和牛や新鮮なホルモンなど、その日おすすめの部位20種類以上を好きなだけどうぞ。

MAP P.168 E-2
☎03-3525-4629 🏠千代田区外神田1-18-19 BiTO AKIBA3F ⏰焼肉12:00～22:00、土・日曜・祝日11:30～22:00 ※最終入店は閉店2時間前 🔒ビルに準ずる 📍JR秋葉原駅電気街口から徒歩1分

1 2 ショーケースから食べたい肉を選ぶ精肉店スタイル 3 限定品の厚切り牛タンステーキと和牛マンゴーカットカルビ

手形をもらって食べ放題スタート！

ベルの音が聞こえたら総菜配り歩き！

コロッケやメンチカツも食べ放題

BEST TIME 20:00

東京 おひとりさまグルメ4選

カウンター中心の
小さなお店が狙い目

東京はソロ活グルメの宝庫といえますが、選ぶならひとりでも気兼ねなく居られるお店が一番。客足の絶えない超人気店「按田餃子」も、ひとりなら比較的早めに案内してもらえます。「BASO 表参道」[Rahmen Eddie]は、そばやラーメン店と思えない、おしゃれな雰囲気。初めてでも気負わず入店できます。「STAND BY ME」なら、ひとりふらっと来てサクッと飲めるのも◎。

味変には海苔、
ニラ胡椒など
薬味をどうぞ

ひとり町中華

Order
塩鴨のつけSOBA
肉増し
1380円
レアに仕上げたやわ
らかい鴨肉と一緒に

ひとり蕎麦

Order
水餃子定食
1485円
水餃子8個、豚そぼ
ろ飯、海藻湯付き

コチラも気になる！

キクラゲ入りのラゲ
ーライス1155円

BASO 表参道
バーソー おもてさんどう

太めの二八そばをつけスタイルで

スタイリッシュな空間でそばが味わえます。5つの節をブレンドし、仕上げに煮干し鶏油を加えたつけ汁はもちもちの太麺と相性抜群。卵天ぷら飯350円とセット注文が人気。

MAP P.175 B-3
☎090-1205-8557 🏠渋谷区神宮前6-11-7 ⏰11:30～21:00(LO20:30) 🚫無休 📍地下鉄明治神宮前(原宿)駅7番出口から徒歩2分

按田餃子
あんだぎょうざ

優しさがしみる絶品中華

保存食研究家の按田優子さんのお店。按田さんが独自の視点で選んだ「食べたら体が助かる」食材を使った料理は、おいしくて元気がもらえるものばかり。

MAP P.176 D-1
☎03-6407-8813 🏠渋谷区西原3-21-2 ⏰10:00～23:00(LO22:00)、土・日曜・祝日9:00～ ※お持ち帰りは22:00まで 🚫無休 📍各線代々木上原駅東口から徒歩1分

★★★ 按田餃子にはレモンライスを浮かべたあっさりした夜食麺もあります。

134

I Love Rahmen♡

ひとりスタンド

A 250円（税抜）均一のおつまみから、サバタルトなど

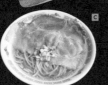

B 「No Code」米澤シェフのスペシャリテ

おひとりさまにうれしいミニサイズ

ひとりラーメン

オニギリと一緒に！

Order

おまかせ3種盛り
770円 A

BBQスペアリブ
748円 B

貝出汁醤油ラーメン
528円 C

グラスワイン
638円 D

合計おひとりさま
2684円

D ドメーヌ・デ・グラス・カルベネ・ソーヴィニヨン

名店の味を立ち飲み価格で♡

STAND BY Mi
スタンド バイ ミー

ハイレベルなおつまみが人気

ミシュランの2つ星出身シェフによる立ち飲みビストロ。東京の一流店監修の「トップシェフレシピ」などが味わえます。

MAP P.171 A-5

☎03-6807-5712 🏠港区新橋2-9-13 ⏰16:00～23:30（LO22:30）🚪日曜・祝日 🚉JR新橋駅日比谷口（SL広場）から徒歩2分

Order

特選塩ラーメン
1400円（下）
またはチーズそぼろ
まぜそば（小ライス付き）1100円（上）

厳選卵使用のタマゴとネギチャーシュー各270円

Rahmen Eddie
ラーメン エディ

おしゃれなネオン系の本格ラーメン

ネオンサインがフォトジェニックなラーメン店。名物の特選塩ラーメンは昆布と鶏のダシを効かせた優しい味わい。チーズやクリームが入る変わり種ラーメンは女性に人気。

MAP P.169 C-2

☎03-6380-6606 🏠新宿区新宿1-11-7 サンサーラ第5御苑ビル1F ⏰11:00～21:00（スープが売り切れ次第閉店）🚪無休 🚉地下鉄新宿御苑前駅大木戸門口から徒歩2分

今宵はどこの**ルーフトップ**にする？

夜風が気持ちいい季節はルーフトップで過ごすのもおすすめ。最上階ならではの、ほかにはない特別感のあるルーフトップを集めました。

1

@青山
おしゃれなジャングルで
異世界トリップを楽しんで

夜空の下で
大人のチルタイム

IN Night 18:00-21:00

The Top.

ザ トップ

異国情緒あふれるボタニカル空間

青山グランドホテルの最上階にあるルーフトップバー。無機質な屋上がサイズ感の大きい世界各国から集められた植物たちに囲まれEXOTIC & SPICEな空間に。ソファ席のほかスタンディング席も。

1 カクテル1900円〜、グラスワイン1800円〜、ビール1300円〜。フードはアンチョビフライドポテト1600円、トリュフナッツ1000円など **2 3** ここだけ別世界のよう **4** 見晴らしも抜群。港区のビル群が

MAP P.174 E-2 ☎03-6271-5429 🏠港区北青山2-14-4 THE AOYAMA GRAND HOTEL 20F ⏰17:30〜23:30（LOフード22:00、ドリンク22:30）☔雨天、冬季（12月〜4月上旬、年により異なる）💺シートチャージ1000円 📍地下鉄外苑前駅3番出口から徒歩3分

4　　**3**

★ ★ ★ The Top.では不定期でイベントを開催。最新情報は公式サイトのトピックスをチェック♪

東京タワー！

1 トルティーヤで巻きサルサと一緒に味わう国産鶏もも肉のチキン・ファヒータ2365円 **2** モヒートグラス924円 **3** 店内は天井高8mの大空間が広がります。

駅菜たっぷりでヘルシー

Hacienda del cielo
MODERN MEXICANO
アシエンダ デル シエロ モダン メキシカーノ

代官山のリゾートでメキシカン

異国情緒たっぷりのゴージャスなインテリアに彩られたモダンメキシカンレストラン。広々とした屋上ルーフトップがあり、東京が一望できます。

MAP P.184 E-1 ☎03-5457-1521 🏠渋谷区猿楽町10-1 マンサード代官山9F ⏰11:30〜23:00、土曜11:00〜 日曜・祝日11:00〜22:00 ☀テラス席は全日22:00まで 🚫無休 📍東急東横線代官山駅北口から徒歩4分

@代官山
夜景×メキシカンで盛り上がれる
天空のリゾートあります！

お絵描き体験も！！

@銀座
音楽に酔いしれたりお絵描きしたり
おひとりさまにも優しい隠れ家

1 オクラたっぷりスパイスがきいたシチュー、名物のチキンガンボ1700円（豆ご飯またはコーンブレッド付き、単品は1320円）とハイボール900円、季節のカクテル1100円〜 **2** お絵描きセット1000円も（スケッチブック付き）

月光荘サロン 月のはなれ
げっこうそうサロン つきのはなれ

夜空の下の色と音の遊び場
老舗画材店「月光荘」がビルの屋上の倉庫をリノベーションしたサロン。食事やお酒と共に、展示のアートや生演奏が楽しめます。

MAP P.171 B-4 ☎03-6228-5189 🏠中央区銀座8-7-18 月光荘ビル5F ⏰14:00〜23:30(LO22:30)、土曜〜23:00(LO22:00)、日曜・祝日〜21:00(LO20:00) ☀17時以降はテーブルチャージ別途500円 🚫月曜 📍地下鉄新橋駅3番出口から徒歩3分

カウンターの前には炭火台！

BEST TIME
20:00

ニューでレトロな
ネオ居酒屋に集合！

昭和の懐かしさと令和のキラキラ感が融合

昭和の居酒屋の雰囲気とフォトジェニックな魅力を併せ持つネオ居酒屋が、東京の夜のシーンを席巻中。かわいいグラスのドリンクが話題の「アライザラシ」や「大衆酒場ひまわり」、カラフルなネオンが目をひく「大衆食堂 ゆしまホール」は、料理のおいしさもお墨付き。今晩は、今どき居酒屋を満喫してみませんか？

生岩牡蠣2個1738円（時期により産地異なる）

パルミジャーノ掛けつくね焼528円。あふれんばかりのチーズ！

炭焼おにぎり3種盛り合わせ1408円（いくら＆赤卵黄＆明太子）

地下とは思えない広々とした空間。スタンド、カウンター、テーブル、ソファ、大テーブルなどさまざまな席があります。

ココNeo

1 生すだちサワー 550円 **2** 生いちごサワー 715円（季節限定） **3** 籠屋ブルワリーの黒ビール2178円

アライザラシ
レトロかわいい居酒屋

古道具や古材を使った特注のインテリアに囲まれ、炭焼きをはじめ、ザ・居酒屋メニューが味わえます。食材にこだわる料理の数々も注目。

MAP P.169 C-4
☎03-6450-7258 🏠世田谷区太子堂4-22-7 森住ビルB1F ⏰17:00～24:00、金・土曜～翌2:00 🚩無休 🚉東急線三軒茶屋駅パティオ口から徒歩1分

三軒茶屋

★★★「アライザラシ」のオリジナルイラストのグラスは在庫があれば購入可能。

138

大衆食堂 ゆしまホール

たいしゅうしょくどう ゆしまホール

湯島

ボトルが刺さった"映え映え"サワー

オリジナルサワー「ゆしまのシャリキン」は写真映えが抜群。50種類以上揃った豊富なメニューも"映え"はもちろん、味わいもハイレベル。

MAP P.168 D-2
☎03-5826-4403 ◆文京区湯島3-34-8 第一天神ビル1F ◯11:30～23:00(LO22:00) ◆無休 ◆地下鉄湯島駅3番出口から徒歩1分

トリュフオイルが香る葱タン650円

辛味が本格的なこぼれ麻婆豆腐680円

凍らせた焼酎にノンアルコールサワーがボトルごと入るゆしまのシャリキン各580円 **1** 安定のバイス **2** 初恋のゆしま **3** 霹靂のエナジー

とびこがたっぷりのった鯖缶ポテサラ450円

ココNeo

ネオンサインやイラスト入りのメニューなど、画になる要素がいっぱい

ココNeo

1 ピンクのガリが映えるガリ酎550円 **2** ミントが入ったヨーグルトのお酒、白いろ花言葉程良き恋愛660円 **3** 冷凍みかんサワー715円

SNSで人気No.1煮卵いくらのせ550円

濃厚なリゾット風のカルボナーラごはん935円

大衆酒場 ひまわり

たいしゅうさかば ひまわり

渋谷

胸キュンなグラスで乾杯

イラスト入りのグラスが"映える"と人気。ガリが入った「ガリ酎」など見た目も味もおしゃれ。メニューは居酒屋の定番のおつまみから洋風の料理まで揃い、どれもお酒がすすみます。

MAP P.177 B-4
☎03-5428-0800 ◆渋谷区道玄坂2-8-1 大和田ビルB1F ◯17:00～翌4:00(LO翌3:30)、日曜・祝日～23:00(LO22:30) ◆不定休 ◆各線渋谷駅A0番出口から徒歩2分

畳のロフト席や檜をイメージしたカウンターなど、遊び心があふれた店内。SNS世代はもちろん居酒屋世代にも愛されています

味がしっかりしみた牛もつ肉豆腐715円

やっぱりスゴイ!

絶景と融合した空間で
イベントや展覧会も

気に入りの場所を見つけたら腰掛けつつ、絶景に包まれのんびりできます。

夜景を堪能した後は、同じ階にある東京シティビューショップのチェックも忘れずに。東京シティビュー限定アイテムが多く揃い、なかでもアーティストの六本木や六本木ヒルズをテーマにしたオリジナルグッズはどれも素敵。訪れた記念に、おみやげにおすすめです。

足を踏み入れると目に飛び込むのが、きらめく東京タワーとその隣にそびえる麻布台ヒルズの森JPタワー。天井高11m、足元から天井までの大空間いっぱいに東京夜景が広がります。キラキラと輝く光の海はまるでアートのよう。お台場、羽田空港、渋谷方面、新宿方面と東京夜景を楽しんで、お

キラキラ輝く
ロマンチックな東京

52F
TOKYO
CITY VIEW

六本木ヒルズ展望台 東京シティビュー
ろっぽんぎヒルズてんぼうだい とうきょうシティビュー

都会のパノラマ展望台
海抜250m、全面ガラス張りの屋内展望台。こちらから夜景と一緒に見る月は「日本百名月」に認定されています。

MAP P.179 B-4
☎03-6406-6652 ⌂港区六本木6-10-1 六本木ヒルズ森タワー52F ⏰10:00～22:00(最終入館21:30) ⌚不定休 ⑤一般2000円(土・日曜・祝日は2200円)～ ※変動料金制 ⚇地下鉄六本木駅1c出口から徒歩3分

★★★ 東京シティビューではイベントや展覧会も開催されるのでスケジュールをチェックしてみよう。

140

6
7
8
9
10
11
12
13
14
15
16
17
18
19
20
21
22
23
0

東京夜景に
新しく仲間入り

立ち寄りたい

THE SUN & THE MOON
(Restaurant)

ザ サン アンド ザ ムーン（レストラン）

天空の森で美食と絶景を楽しむ

月の森がコンセプトのレストラン。植物に囲まれた空間で、フレンチをベースにした華やかな料理が味わえます。

☎03-3470-0052 🏠六本木ヒルズ森タワー52F
🕐11:00〜22:00（ドリンクLO21:00）、金・土曜
〜23:00（ドリンクLO22:00）🔒施設に準ずる
※52Fまでの入場券がない場合はビューチャージとして別途500円

写真はイメージです

141

「うますぎて申し訳ないッ！」

ヨシカミの
ビーフシチュー
3200円

店内はライブ感がすごい！

1951（昭和26）年創業の洋食店。ファンの多いビーフシチューは、スプーンで崩せるほどやわらかく煮込んだ牛肉がたっぷり A

創業は文化・文政期約200年前!!

鰻 駒形 前川本店の
うな重
5900円〜

あっさりとした上質な脂なんです！

隅田川を目の前に眺めながら老舗の鰻を堪能。ふっくら焼き上げた鰻に秘伝ダレをかけて。上品な味わい B

今日、何食べる？
MY BEST
夜ごはん

老舗や元祖店の名物など、東京自慢のグルメを厳選。味わってみると、老舗と人気店たるゆえんがわかります。

ザ東京グルメをいただきます！
東京名物に舌鼓

A　ヨシカミ
MAP P.183 B-2
☎03-3841-1802　台東区浅草1-41-4　⏰11:30〜21:00　木曜　地下鉄浅草駅6番出口から徒歩7分

B　鰻 駒形 前川本店
うなぎ こまがた まえかわほんてん
MAP P.183 B-4
☎03-3841-6314　台東区駒形2-1-29　⏰11:30〜21:00(LO20:30) ※16時以降はサービス料10%別途　無休　地下鉄浅草駅A2出口から徒歩1分

C　煉瓦亭
れんがてい
MAP P.170 D-2
☎03-3561-3882　中央区銀座3-5-16　⏰11:15〜15:00(LO14:00)、17:30〜21:00(LO20:00)　日曜　地下鉄銀座駅A9出口から徒歩3分

D　大黒家天麩羅
だいこくやてんぷら
MAP P.183 B-3
☎03-3844-1111　台東区浅草1-38-10　⏰11:00〜20:30、土・日曜・祝日〜21:00　無休　地下鉄浅草駅6番出口から徒歩7分

創業は1895（明治28）年の老舗。昔から変わらぬ味のオムライスが人気。ご飯と卵を混ぜて作る元祖オムライスも C

煉瓦亭の
明治誕生オムライス
2700円

洋食メニューのパイオニア

煉瓦亭の
元祖ポークカツレツ
2800円

サクサクの衣に包まれた豚肉は下味付き。まずはそのまま、次にウスターソースをかけてがおすすめ。元祖千切りキャベツと一緒に！ C

クラシカルな店内

"どどーん！！"

キツネ色に！ 輝く海老天

大黒家天麩羅の
海老天丼
2400円

大きなエビが4本も！ゴマ油で揚げた香りのよい天ぷら、甘辛く濃厚な秘伝のタレ。一度食べたら忘れられない味 D

1887（明治20）年創業の老舗!!

2021年4月に移転しました

ネギはたっぷり入れて

薬味で味変！

E 駒形どぜう
こまかたどぜう

MAP P.183 B-4
☎03-3842-4001 〒台東区駒形1-7-12 ⏰11:00〜20:30（LO20:00）🈺不定休 🚇地下鉄浅草駅A1出口から徒歩2分

たいめいけんの
タンポポオムライス
2150円

**駒形どぜうの
どぜうなべ
3180円**

創業1801（享和元）年。江戸の味を守り続けるお店。独自の下ごしらえをしているためどじょうは頭から尾まで丸ごと食べられます **E**

F 三代目たいめいけん
さんだいめたいめいけん

MAP P.172 E-2
☎03-3271-2463 〒中央区日本橋室町1-8-6 ⏰11:00〜21:00（LO20:30）🈺月曜 🚇地下鉄三越前駅B6出口から徒歩2分

特製チキンライスの上に、職人技が光る絶妙なふわとろオムレツをオン。ボルシチ、コールスロー（各50円）とセットでぜひ **F**

美しすぎる
トロットロ
オムレツ

銀座寿司処 まる伊
総本店のづけあなちらし
3500円

**G レストラン＆
カフェ Manna
新宿中村屋**
レストランアンドカフェ
マンナ しんじゅくなかむらや

MAP P.180 D-3
☎03-5362-7501 〒新宿区新宿3-26-13 新宿中村屋ビルB2F ⏰11:00〜22:00（LO21:30）、日曜・祝日〜21:00（LO20:30）🈺無休 🚇各線新宿駅A6出口直結

1927（昭和2）年に誕生した、インド人から伝わった本場インドのカリー。20数種のスパイスが調和する香り高いスパイシーなカリーに仕上がっています **G**

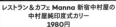

レストラン＆カフェ Manna 新宿中村屋の
中村屋純印度式カリー
1980円

**H 銀座寿司処
まる伊 総本店**
ぎんざすしどころ
まるい そうほんてん

MAP P.170 E-2
☎03-3564-8601 〒中央区銀座3-8-15 銀座中央ビル1F ⏰11:30〜14:30（LO）、17:00〜22:00（LO）、土・日曜・祝日 11:30〜15:00（LO）、16:00〜20:00（LO）🈺無休※月曜は昼のみ営業 🚇地下鉄銀座駅A13出口から徒歩3分

職人の仕事が光る
江戸前寿司

たっぷりの漬けマグロと穴子の下には、サーモン、イカ、タコ、エビ、玉子など11種類を混ぜ込んだ具だくさんのしゃり。贅沢な味わい **H**

もんじゃを焼くなら月島へ！

I もんじゃ蔵
もんじゃくら

MAP P.168 E-3
☎03-3531-5020 〒中央区月島3-9-9 ⏰11:00〜23:00（LO22:00）🈺不定休 🚇地下鉄月島駅7番出口から徒歩4分

もんじゃ蔵の
明太もちもんじゃ
1200円

定番人気メニュー。もちが入りボリュームも満点。ホワイトソースをベースにした新感覚もんじゃなども好評。ゆったりとした店内も◎ **I**

もんじゃにほもちぃよねぇ♪

TOKYO TOPICS

美しいライトアップを眺めたり、グルメにお酒にサウナと盛りだくさん!

一日の終わりは都立明治公園に誕生した
スパで「ととのい」体験

公園の中にある都市型スパ。女性フロアでは蒸し湯やサウナに加え、呼吸ルームなども。こだわりのコスメやアメニティを揃えた、広々としたパウダースペースもうれしい。ランニングステーションやミニマルなフィットネスもあるので軽く運動した後に「ととのい」体験もおすすめ。

薬草スチームの蒸し湯(すちこ)

Photo by Ryuji Hashimoto

TOTOPA 都立明治公園店
トトパ とりつめいじこうえんてん

Photo : tomohiro sakashita

> リラックスできる香りに包まれる呼吸ルーム

MAP P.174 F-3 ☎なし 新宿区霞ヶ丘町5-7 都立明治公園内A棟2・3F ⏰11:00 ～ 23:00(最終受付22:00) 無休 ⏱1時間まで2178円、1～2時間3278円、1～3時間4378円 地下鉄外苑前駅2b出口から、国立競技場駅A2出口から徒歩9分

SHIBUYA YAKEI
渋谷最高峰のルーフトップバーで
音楽×お酒×絶景!特別な夜

毎年期間限定2024年は4月28日～12月25日でオープンするルーフトップバー。ソファ席(時間指定の事前予約制)やスタンディングテーブルでドリンクやスナックを楽しみながら絶景を堪能できます。"渋谷の夜景と共に楽しめる"がコンセプトのオリジナルプレイリスト「THE ROOF MIX」の音楽にも注目!

アルコール、ソフトドリンク800円～、スナック700円。オリジナルのクラフトビールも

©渋谷スクランブルスクエア

THE ROOF SHIBUYA SKY
ザ ルーフ シブヤ スカイ

MAP P.176 D-4 ☎03-4221-0229(10:00～20:00) SHIBUYA SKY「SKY STAGE」内(→P.34) ⏰16:00～21:30(8月のみ17:00～22:00) 施設に準ずる SHIBUYA SKY入場料+飲食※ソファ席のチケットは別料金

屋外にある水槽「天空のペンギン」(「天空のペンギン」での生物展示は19時まで)

サンシャイン水族館
さんしゃいんすいぞくかん

MAP P.185 C-5 ☎03-3989-3466 豊島区東池袋3-1 サンシャインシティワールドインポートマートビル屋上 ⏰春夏9:30～21:00、秋冬10:00～18:00(最終入場は各閉館1時間前) 無休 2600円～ 地下鉄東池袋駅6・7番出口から徒歩5分、各線池袋駅35番出口から徒歩10分

> クラゲを観賞できる海月空感

AQUARIUM

夕方から入館OK
大人におすすめ夜の水族館

デートやソロ活動に大活躍するのが都市型のアクアリウム。「サンシャイン水族館」では、空を飛ぶように泳ぐケープペンギンの姿が楽しめる「天空のペンギン」をまずチェック。「マクセル アクアパーク品川」では、プロジェクションマッピングや音、光、水が融合した幻想的なパフォーマンスが繰り広げられるイルカショーが必見。どちらも明るい時間帯とは全く異なるロマンチックな空間に。そしてかわいい生き物たちに癒やされます。

音と光に彩られたクラゲの空間

マクセル アクアパーク品川
マクセル アクアパークしながわ

MAP P.168 D-4 ☎03-5421-1111(音声ガイダンス) 港区高輪4-10-30(品川プリンスホテル内) 公式サイトを確認 無休 2500円～ 各線品川駅高輪口から徒歩2分

昼夜で異なる2つのプログラムが楽しめます(季節により演出は異なります)

IN THE Night 18:00-21:00

PROJECTION MAPPING

吹き出し: 大迫力のゴジラ バージョン！

GODZILLA
ATTACK ON TOKYO
©TOHO CO., LTD.

東京の夜を鮮やかに！
新観光スポットが誕生

東京都庁第一本庁舎の東側の壁面をキャンバスに光と音で多彩なアートが描かれるプロジェクションマッピング。毎日上映され、平日は都庁舎の造形美を生かした作品、土・日曜・祝日はストーリー性のある作品と、コンテンツのテーマを変え異なる作品を上映。訪れる前に公式サイトをチェック！

TOKYO Night & Light
トウキョウ ナイト アンド ライト

MAP P.181 A-4 ☎なし 🏠新宿区西新宿2-8-1 東京都庁 都民広場 ⏰19:30〜、20:00〜、20:30〜、21:00〜、21:30〜（上映は各10〜15分）※上映時間詳細は公式サイトを確認 📅無休 🚃地下鉄都庁前駅直結、JR新宿駅西口から徒歩10分

夏 / 限定 / 冬

探さずにはいられない
東京夜景を彩る2大ライトアップ

いつもあの場所で変わらず美しく輝く東京の自慢のひとつ。定番ライティングに加え、季節やイベントなどで特別バージョンとなる限定のライティングも楽しみ。「東京タワー」のインフィニティ・ダイヤモンドヴェールや「東京スカイツリー®」の躍動感あふれるライティングなど、進化も見逃せません。

東京タワー
とうきょうタワー
©TOKYO TOWER

MAP P.178 E-4 ☎03-3433-5111 🏠港区芝公園4-2-8 ⏰メインデッキ9:00〜22:30（最終入場22:00）、トップデッキツアー〜22:15（最終入場21:30〜21:45）📅無休 💴1200円、トップデッキツアーは3000円 🚃地下鉄赤羽橋駅赤羽橋口から徒歩5分

ILLUMINATION

吹き出し: 高さは武蔵 634m！

幟 / 雅 / 粋

©TOKYO-SKYTREE

東京スカイツリー®
とうきょうスカイツリー

MAP P.182 E-3 ☎0570-55-0634（東京スカイツリーコールセンター 10:00〜18:00）⏰10:00〜22:00（最終入場21:00）、日・祝日9:00〜 📅無休 💴公式サイトを確認 🚃各線押上〈スカイツリー前〉駅からすぐ

銀座・コリドー街が熱い！！
都内最大規模のクラブで音楽を

NIGHT LIFE

ホテルやスパ、レストラン、ナイトクラブなどからなる複合商業施設「GRANBELL SQUARE」を中心にコリドー街の夜が盛り上がっています。なかでも、シンガポール発のナイトクラブ「Zouk Tokyo」は大注目。最高の音響、豪華な照明や演出で世界レベルのクラブシーンが繰り広げられています。ビッグアーティストの来日や多彩なイベントの開催も見逃せません。

吹き出し: 世界的クラブが 日本初上陸！

Zouk Tokyo
ズーク トウキョウ

MAP P.171 B-3 ☎03-6263-8937 🏠中央区銀座7-2-18 ⏰21:00〜翌3:00、金・土曜〜翌4:30 📅日〜火曜 💴女性1000円〜、男性2500円〜※日時により料金異なる 🚃地下鉄銀座駅C-1・C-2出口から徒歩5分

TOKYO THE BEST TIME

IN THE

Midnight

22:00 - 0:00

夜ごはんを食べ終え、ほろ酔い気分。しかし、東
京の夜はまだまだこれから！ 別腹スイーツを
満喫するもよし、深夜のバーでおいしいお酒と
共にまったりするもよし、銭湯やサウナでさっ
ぱりするもよし。朝まで帰らないなんて選択だ
ってありなんです。

一日の締めにぴったりな夜カフェ
「Fireking cafe」(→P.153)。
アートがあふれる大人の空間
で夜更かしはいかが？

美しすぎる
カキ氷。

BEST TIME
22:00

シメパフェ？ シメ氷？
深夜の甘い誘惑、
夜スイーツ♡

深夜に本気のスイーツが楽しめる幸せといったら。がっつり食事の後でも、しっかり飲んだ後でも別腹です。しかもひんやり系はシメにぴったり！（言い訳）

IN THE *Midnight* 22:00-0:00

季節限定メニュー。紫陽花をイメージしたハイドランジア1400円。変化する色彩に注目

マンゴーミルク1200円。素材の味を生かしたマンゴーソースとyelo特製のミルクが相性抜群

SHAVED ICE
カキ氷

淡雪。

ティラミスDX1400円。濃厚マスカルポーネソースにココアパウダー。まるでデザートな一品

パステルズ1200円。ローズとバニラで紅白に。トッピングのおいりがかわいい

KAKIGORI CAFE&BAR yelo
カキゴオリ カフェアンドバー イエロ

365日絶品カキ氷が楽しめる

赤を基調としたスタイリッシュな店内では創作性豊かなカキ氷が味わえます。ふわふわの氷は純氷を使用。溶けにくく頭がキーンとならないのもうれしい。

MAP P.179 C-3
☎03-3423-2121 🏠港区六本木5-2-11 パティオ六本木1F 🕙10:00〜翌5:00（季節により異なる。詳細はSNSで確認）🈚無休 🚇地下鉄六本木駅3番出口から徒歩3分

★★★yeloにはアルコール入りの大人のカキ氷も。カキ氷でほろ酔い気分が楽しめます。

148

INITIAL Nakameguro
イニシャル ナカメグロ

大人気シメパフェ専門店の2号店

パフェには北海道の牛乳を使ったイチゴやピスタチオの自家製ソフトクリームを使用。濃厚ながらシメに合うよう、後味はさっぱりの工夫がそこかしこに。

MAP P.184 D-2

☎03-6452-4994 🏠目黒区上目黒1-16-6 ナチュラルスクエアビル1F ⏰14:00～23:00、土・日曜・祝は13:00～ 🈺無休 🚉各線中目黒駅西口1から徒歩5分

みかんのパフェ、パルフェ ソレイユ1600円。甘さと苦味が調和する大人の味

いちごづくし2500円。旬のイチゴと3種類の自家製ソフトクリーム！一番人気のパフェ

もはや
芸術。

PARFAIT
パフェ

フルーツサンドも人気。みかんのお花（左）と赤ぶどうのお花（右）各860円

イチゴをふんだんに使用したパフェ、浮いた苺の気持ち2780円

夜パフェ専門店
Parfaiteria beL
よるパフェせんもんてん パフェテリア ベル

北海道発のシメパフェ専門店

コンセプトは〝1日の締めくくりに美味しいパフェ〟。甘さや苦み、素材同士の相性などを計算して作るパフェは、見た目の美しさも含めて完璧な仕上がり。

MAP P.177 C-4

☎03-6427-8538 🏠渋谷区道玄坂1-7-10 新大宗ソシアルビル3F ⏰17:00～24:00、金・祝前日17:00～翌1:00、土曜15:00～翌1:00、日曜・祝日15:00～24:00(LO閉店の各30分前) 🈺不定休 🚉JR渋谷駅西口から徒歩4分

ピスタチオとプラリネ1980円。濃厚なピスタチオの味わいとクッキーが特徴

※パフェの内容は季節により異なる

Princess belle 2180円。オレンジを基調とした爽やかな味わい

149

ひとっ風呂浴びに！

黄金湯

©Yurika Kono

©Yurika Kono

オリジナルビールも！

DJブースもあります

BEST TIME
22:00

ワンコインのワンダーランド
東京の銭湯が
すごいんです！

日常がお楽しみのひとつに
東京の今どき銭湯がおもしろい

東京の銭湯カルチャーが盛り上がっています！ その立役者は都内の老舗銭湯。大胆なリニューアルや新たな試みなどが話題を呼び、各銭湯で、遠くから足を運ぶ人たちが増えています。個性あふれる空間でのんびり過ごしたり、広い浴槽に浸かって、心も体もリフレッシュ♪ 自分好みの銭湯を探してみて。

[1] 壁画はマンガ「きょうの猫村さん」作者、ほしよりこさんの作品 [2]「黄金湯レコード市」を開催。縁のあるレコードが並びます [3] フロントにはビアバーを併設 [4] 自家醸造のビール700円。フルーティーな味わい

黄金湯
こがねゆ

コミュニケーションも楽しい

有名なアーティストが関わり、新旧が調和したおしゃれな銭湯にリニューアル。4つのお風呂とロウリュサウナのあとは生ビール！

× カルチャー

MAP P.168 E-2
☎03-3622-5009 ⌂墨田区太平4-14-6 ◎6:00〜9:00、11:00〜翌0:30、土曜6:00〜9:00、15:00〜 🔒第2・4月曜 ⑤大人520円※サウナは平日男性は＋530円、女性は＋330円、土・日曜・祝日男性は＋580円、女性は＋350円（入浴のみ90分、サウナ利用で120分制）❾JR錦糸町駅北口から徒歩6分

★★★ サウナはもちろんですが、入浴の前後も水分補給を忘れずに（アルコールは利尿作用が高いので水分補給にはなりません。＋αで）。

床には
お花柄のタイル

令和の番台はおしゃれ

女　　　　　男

吉野湯
よしのゆ　　　× レトロポップ

ニューレトロな下町の銭湯

創業は1923（大正12）年で、現在は4
代目が切り盛り。2020年にリニュー
アルし、レトロポップな空間に。高濃
度炭酸泉なども加わりました。

(MAP) P.168 F-2
☎03-3681-6833 🏠江戸川区平井4-23-2 🕐
15:00～24:00 🗓月曜、第1火曜 💰大人520円
📍JR平井駅南口から徒歩6分

1 天井が高く気持ちのいい脱衣所 2 手洗い場の底
にもかわいい金魚!? 3 金魚が泳ぐ池もある風情た
っぷりの坪庭。夜はライトアップも 4 涼むのにぴ
ったりな女湯の湯上りスペース

100％源泉掛け流しの
露天風呂も

改良湯
かいりょうゆ　× スタイリッシュ

創業100年超えの老舗

2018年にリニューアル
し、モダンな銭湯に。刺
激の少ない軟水を使用
し、肌や髪をしっとりと
洗い上げ、女性にも人
気。便利なエリア、渋谷
にあるのもうれしい。

(MAP) P.184 F-1
🏠非公開 🏠渋谷区東2-19-9 🕐
12:00～23:30（最終入場23:
00）🗓土曜 💰大人520円※サ
ウナは+450円 📍各線渋谷駅
新南口から徒歩9分

武蔵小山温泉 清水湯
むさしこやまおんせん しみずゆ　× 天然温泉

銭湯と思えぬ充実ぶり

1924（大正13）年創業。2代目・
3代目が敷地から温泉を採掘。
「黒湯」「黄金の湯」の湧き出る
2つの天然温泉が楽しめます。

(MAP) P.169 C-5
☎03-3781-0575 🏠品川区小山3-9-1
🕐12:00～24:00、日曜8:00～ 🗓月
曜（祝日の場合は営業）💰大人520円※
サウナは+450円、岩盤浴（女性専用）は
+1500円 📍東急目黒線武蔵小山駅東
口から徒歩5分

1 外気を感じなが
ら星空を見上げて
風呂。ジェットバスな
ども併設

1 巨大アートがお出迎え 2 浴槽にも
アートが。暗めの照明でリラックス！

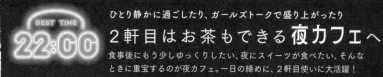

今どきの夜を過ごすなら
シーシャでまったりリラックス

ema.
エマ

早朝まで営業のチル空間

韓国っぽい雰囲気が人気のシーシャカフェ。無機質な中にブルーが映えるおしゃれな空間は、夜になるとぐっとムーディに。シーシャを利用せずドリンクとスイーツだけでもOK。

MAP P.181 C-4 ☎03-6304-5014 🏠新宿区西新宿1-15-9 VINTAGE 7F ⏰13:00〜翌5:00 ❌不定休 ◎各線新宿駅西口・南口から徒歩5分

CLOSE 翌5:00

MENU

イチゴクロワッサン、
チョコバナナクロワッサン 各1200円、
ホワイトモカ690円、
カフェラテ690円

シーシャカフェのため20歳未満は入店できません

サスティナブルな本格コーヒー＆コーヒーカクテル

CLOSE 24:00

æ [zero-waste cafe & bar]
アッシュ ゼロウェイスト カフェ アンド バー

廃棄物ゼロがコンセプト

バリスタチャンピオンの石谷貴之さんと世界中でカクテルバーを展開するSG Groupが初タッグ。フードやドリンクは調理や抽出した際の副産物などを活用。

MAP P.177 C-1
☎03-5990-4786 🏠渋谷区神南1-5-2 川村ビル1F ⏰12:00〜24:00 ❌無休 ◎JR渋谷駅ハチ公口から徒歩9分

1 コーヒーチェリーを使用しているカヌレ495円 **2** ラテ737円。メニューは二次元コードを読み取り、ペーパーレスに

MENU

ASHの玉子トースト748円、
エスプレッソトニック858円

★★★ æ [zero-waste cafe & bar] 店内のブルーグレーの壁は廃材デニムを使用。

一日の締めくくりにふさわしい
至福の一杯を静かに堪能する

LAST ORDER 22:00

① ② カップ&ソーサーはマイセンやリチャード・ジノリなど、50〜100年前に生産されたもの ③ アンティークのインテリアも多数 ④ コーヒーはお客さんの雰囲気に合うアンティークカップに注がれます

茶亭 羽當
ちゃてい はとう

コーヒー通が愛する純喫茶

渋谷の街中にあるとは思えない静かな空間が迎えてくれる大人の隠れ家的喫茶店。ペーパードリップで丁寧に淹れた一杯をゆったりと楽しんで。

MAP P.176 D-3
☎03-3400-9088 渋谷区渋谷1-15-19 二葉ビル2F ⏰11:00〜23:00(LO22:00) 🔒無休 📍各線渋谷駅20a出口から徒歩1分

MENU
レアチーズケーキ500円と
羽當オリジナルブレンド 850円

大人のシメカフェ

アートとともに夜を過ごす

CLOSE 翌3:00

① 店内はギャラリーも兼ねており、取材時は英国人写真家、マーク・ヴァサーロさんの写真展を開催。作品ごとに店内の雰囲気が変わるのも楽しみ ② カウンターの棚にはオーナーによるファイヤーキングのコレクション

Fireking cafe
ファイヤーキング　カフェ

アートがあふれる大人の社交場

2000年のオープン以来、多くの人に愛されてきた代々木上原の名店。エスニック料理を中心に、ドリンクも豊富に揃い、深夜までくつろげます。天井の高い広々とした空間はギャラリーとしても使用。

MAP P.176 D-1
☎03-3469-7911 渋谷区上原1-30-9 ⏰11:30〜翌3:00、土・日曜12:00〜 🔒無休 📍地下鉄代々木上原駅西口から徒歩1分 ※18時以降はサービス料別途10%

MENU
アップルパイ990円と
グレンモーレンジィオリジナル1100円、
ロイヤルミルクティー（ポット）1045円

153

東京が世界に誇る
バーの名店を体験

バーと聞くと行き慣れていない人は「ハードルが高そう」と思うのでは？ でも渋谷にあるここ「The SG Club」なら大丈夫。2021年、アジア最高のバーアワードで日本最高位の第3位を受賞。ホスピタリティにあふれたバーテンダーが、初めての人もおひとりさまも気兼ねなく楽しめるように気配りしてくれます。

ごく自然に垣根を取り払いバーカルチャーの世界へ導いてくれる質の高いサービスは、世界中のバー愛好家から憧憬される名店ならでは。カジュアルスタイルの1階「Guzzle」、落ち着いた雰囲気の地下「Sip」、会員制フロアの2階「Savor」からなるお店の構造そのものに、バー文化の奥深さが凝縮されています。

B1F
SIP

1 太陽光をイメージした照明。バーでの長い夜を想像させる演出 2 内装は日本とアメリカの融合がテーマ。壁には浮絵も 3 隠れ家のような空間で、時間を忘れてゆったり過ごせます

★ The SG Clubは日本のトップバーテンダー後閑信吾氏が創業したSG Groupの日本1号店。

154

6
7
8
9
10
11
12
13
14
15
16
17
18
19
20
21
22

23

0

**1F
GUZZLE**

4 ワンカップの瓶に入ったオリジナルカクテルのナンバーワンカップ1540円 5 ギムレティッツ1650円 6 芋、米、麦で造った人気のオリジナル焼酎も発売中

The SG Club
ザ エスジー クラブ

2つの顔をもつカクテルバー

気軽に飲む「Guzzle」と、ゆっくり味わう「Sip」。異なるコンセプトのバーで、オリジナルのレシピで作られた世界最高峰のカクテルを楽しんで。

MAP P.177 C-1

☎050-3138-2618 🏠渋谷区神南1-7-8 🕐17:00～翌3:00(LO翌2:30) 無休 各線渋谷駅A6b出口から徒歩8分

BEST TIME 0:00

終電の時間は気にしません

東京深夜の過ごし方 4

気づけば0時！ 最後にもう1軒だけ！ まだ帰りたくない!! はたまた朝まで過ごしたい!! そんなときには、コチラはいかがでしょう？

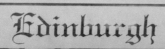

1 24H喫茶でコーヒータイム

3時間ごとに1オーダー制なので気兼ねなく長居。テーブルには電源と卓上ライトも完備。のんびり読書やテレワークに重宝しそう。

ブレンドコーヒー
1000円

のんびり♪

珈琲貴族エジンバラ

こーひーきぞくエジンバラ

新宿の老舗純喫茶

質の高いサービスに心安らぐ喫茶店。120席ある広々とした店内には古本屋と提携している本棚も。読書に加え、購入も可能。

MAP P.180 F-3

☎ 03-5379-2822 🏠 新宿区新宿3-2-4 新宿M&Eスクエアビル2F ⏰ 24時間 ※3時間ごとに1人要1オーダー ※23時〜翌6時は席料1人200円 🔒 無休 ♀ 地下鉄新宿三丁目駅C4出口から徒歩1分

1 コーヒーはサイフォンで淹れています 2 集中したいときはカウンター席がおすすめ

IN THE *Midnight* 22:00-0:00

CÉ LA VI SKY MUSIC TERRACE

セラヴィ スカイ ミュージック テラス

大人の社交場

シンガポール「マリーナベイ・サンズ」のルーフトップなど、世界中で展開する「CÉ LA VI」。東京渋谷の天空では、22時からクラブラウンジに。

MAP P.177 C-4

☎ なし 🏠 渋谷区道玄坂1-2-3 東急プラザ渋谷17・18F ⏰ 22:00〜翌4:00(LO) 🔒 日・月曜 ♀ JR渋谷駅西口から徒歩3分

2 音楽を浴びて夜を明かす

「CÉ LA VI TOKYO」のクラブラウンジへ。DJパフォーマンスと夜景に酔いしれよう。インターナショナルな雰囲気も◎。

ルーフトップの開放感が最高。ドレスコードもあるので公式サイトなどで確認を

アゲ☆

★ ★ ★ 深夜営業のお店や施設を探すなら新宿、六本木、渋谷エリア周辺へ。

歌舞伎町のエンタメタワーでもうひと遊び

3

歌舞伎町の中でひと際目を引く超高層ビルへ。なかでも2～3階はネオンあふれる空間で、深夜は異世界感がさらに増します。ラストにゲームをするもよし、朝まで飲み明かすもよし。

東急歌舞伎町タワー
とうきゅうかぶきちょうタワー

歌舞伎町の新たなランドマーク

2023年4月に開業した地上48階、地下5階、高さ約225mの超高層複合施設。ホテルや映画館、ナイトクラブなどのエンタメ施設も入っています。

MAP P.180 D-1 ☎ なし 🏠 新宿区歌舞伎町1-29-1 🔒 施設により異なる 🚇 西武線西武新宿駅正面口からすぐ

> ギラギラ

1

新宿カブキ hall 〜歌舞伎横丁
しんじゅくカブキホール〜かぶきよこちょう

食と音楽と映像が融合した食祭街

"祭り"がテーマのエンターテインメントフードホール。国内8つのエリアの食祭、韓国食祭、KABUKI CAFEの10店舗で構成。

🏠 東急歌舞伎町タワー 2F 🔒 店舗により異なる

1 パフォーマンスやイベントなども展開 **2** オールナイトもOK **3** 全国のご当地グルメが楽しめます

namco TOKYO
ナムコ トーキョー

そこかしこにネオンサイン

都内最大のクレーンゲームやガシャポンバンダイオフィシャルショップなどが集まるアミューズメントコンプレックス。ゲームと一緒に飲食できるスペースも。

🏠 東急歌舞伎町タワー 3F 🕚 11:00 ～翌1:00(LO24:00)※変更の場合あり

2

3

深夜は体を癒やしいたわる時間に

4

館内着に着替えて、スパ三昧でリラックス。リラックスゾーンではYogiboのクッションに身をあずけうとうと。眠らない人には漫画の用意もあります。

> ぽかぽか

1 週替わりでさまざまな入浴剤を楽しめる人工温泉や高濃度炭酸泉でのんびり **2** エステなども **3** 高温サウナやスチームサウナ **4** 朝まで過ごせる休憩所

1

2

テルマー湯 西麻布
テルマーゆ にしあざぶ

六本木エリア最大級の温浴施設

エジプト風デザインの館内はオリエンタルな雰囲気。サウナやスパ、岩盤浴、ボディケアに加え、休憩所やレストランなどが揃います。

4

MAP P.179 B-4

☎ 03-6434-5937 🏠 港区西麻布1-7-2 🕚 11:00 ～翌10:00(浴室利用は翌9時まで) 🔒 無休 💴 女性3200円(0時～6時入館・滞在は+1900円)※金曜・祝前日+400円、土・日曜・祝日+900円 🚇 地下鉄六本木駅2番出口から徒歩5分

TOKYO

HOTEL

Guide

NEW OPEN VIEW ART

HOTEL × NEW OPEN

一度は泊まりたい憧れホテルから
話題のライフスタイルホテルまで

ブルガリブランドの
エレガンスを体現する美空間

DINING

ミシュランスターシェフが提案
するイタリアンガストロノミー。
宿泊客の朝食もこちらで

イル・リストランテ ニコ・ロミート

BAR

ブルガリ バー

イタリアらしいカクテルと
シェフ、ニコ・ロミート氏
監修の軽食を。ガラスモ
ザイクの壁が印象的

ROOM

東京のパノラマを見渡すス
ーペリアスイート。和の技術
とイタリアの意匠が融合

SPA

エメラルドグリーンのモザ
イクタイルが美しいプール。
バスやサウナなども完備

ブルガリ ホテル 東京

ブルガリ ホテル とうきょう

東京ミッドタウン八重洲の40～45階に誕生し
たイタリアのハイエンドホテル。館内の随所には
ブルガリの世界観を醸し出す装飾品の数々。ミュ
ージアムのような空間が迎えてくれます。

MAP P.173 C-4 ☎03-6262-3333 ♠中央区八重洲
2-2-1 ⓘIN15:00 OUT12:00 ⓢ1泊1室25万円（税サ
別）～ 🛏98室 ♥各線東京駅直結

WELLNESS
25mの温水プールを中心としたハイドロセラピーエリア。そのほか2つのプライベートスパハウスも備えます

ラグジュアリーホテル＆リゾート
「アマン」の姉妹ブランドホテル

ROOM
コーナースイート。床から天井まで広がる窓からは東京タワー

ジャヌ東京
ジャヌとうきょう

麻布台ヒルズに誕生した注目のホテル。都内ホテル最大級の約4000㎡を誇るウェルネス施設やクリエイティブな食体験ができるダイニングが話題。

MAP P.178 D-4
☎03-6731-2333（代表）🏠港区麻布台1-2-2 ⏰IN15:00 OUT12:00 💴1泊1室（朝食付）16万4850円〜 🛏122室 ♀地下鉄神谷町駅、六本木一丁目駅から徒歩10分

ジャヌ メルカート

DINING
レストラン&バーは8つ。バラエティに富んだラインナップで使い勝手も抜群

ジャヌ ラウンジ ＆ ガーデンテラス

1 2 アフタヌーンティーや軽食が楽しめます 3 イタリアの市場をイメージしたオールデイダイニング

NEW OPEN VIEW AREA

最旬渋谷カルチャーにタイプするホテル体験を

Terrace

Gallery 11

ROOM
キングベッドのスクランブルビュールーム。眼下には渋谷スクランブル交差点

ホテルインディゴ東京渋谷
ホテルインディゴ とうきょうしぶや

ライフスタイル・ブティックホテル。渋谷にインスパイアされたアートが彩る空間でくつろげます。渋谷の街を見下ろせる開放感たっぷりのテラスもチェック！

MAP P.177 B-3
☎03-6712-7470 🏠渋谷区道玄坂2-25-12 ⏰IN15:00 OUT11:00 💴1泊1室4万8000円〜 🛏272室 ♀JR渋谷駅ハチ公口から徒歩7分

DINING
渋谷をテーマにしたアート作品や音楽があふれるオールデイダイニング。地中海料理を堪能

HOTEL × 東京絶景 VIEW

東京ならではの
絶景と共にSTAY

東京絶景 × **TOKYO STATION**

目の前には美しい
ドームレリーフが

重要文化財の中に 宿泊ある贅沢にひたる

東京ステーションホテル

とうきょうステーションホテル

東京駅丸の内駅舎にあるホテル。100年以上の歴史を誇り、駅舎の中とは思えない、気品あふれるヨーロピアンクラシックな空間が広がります。

MAP P.173 B-3
☎03-5220-1111 ⛩千代田区丸の内1-9-1 ◯IN15:00 OUT12:00 ⓥ1泊1室5万8362円〜 ⬛150室 ◉JR東京駅丸の内南口直結

1 ドームサイドコンフォートキング 2 復原したドーム天井。干支のレリーフなど日本的意匠がそこここに 3 東京駅舎の中央屋根裏に位置するアトリウム。宿泊客の朝食はこちらで

東京絶景 × **TOKYO BAY**

高層ビル群に
東京夜景がきらめく

東京湾に浮かぶ
アーバンリゾートを満喫する

1 人気のラビスタツイン 2 海の幸がずらりと並ぶ朝食バイキングが評判。運河を見渡せる窓際席がおすすめ 3 天然温泉を使用した内湯。薬湯、露天風呂、サウナも

ラビスタ東京ベイ

ラビスタとうきょうベイ

ウォーターフロントの立地を生かした眺望が自慢。最上階に眺望大浴場を完備し、女湯からは晴海方面、男湯からはレインボーブリッジ方面が望めます。

MAP P.168 E-4 ☎03-5548-2003（予約）⛩江東区豊洲6-4-40 ◯IN15:00 OUT11:00 ⓥ1泊1室3万2000円〜 ⬛570室 ◉ゆりかもめ市場前駅から徒歩1分（ペデストリアンデッキで連結）

目の前に大迫力で迫る
東京タワーを独り占め

東京絶景
×
TOKYO TOWER

ライトアップされた
夜の東京タワー

1 各フロア1室、ルームナンバー17番のコーナールーム
2 ロマンチックなタワービューが楽しめるプレミアムクラブラウンジ
3 ホテル最上階から望む景色と共にアフタヌーンティーを

※アフタヌーンティーは季節により内容が異なります

ザ・プリンス パークタワー東京

ザ・プリンス パークタワーとうきょう

東京タワーに一番近いラグジュアリーホテル。都心にありながら、豊かな自然と静寂に包まれた中で優雅にくつろげるのも魅力。時間により異なる東京タワーの風情を楽しみたい。
MAP P.178 E-5
☎03-5400-1111 🏠港区芝公園4-8-1 🕐IN15:00 OUT12:00 ⑤1泊1室6万738円～ 🛏603室 📍地下鉄赤羽橋駅赤羽橋口から徒歩2分

新感覚の街ナカホテルで
下町の名所をチェック！

OMO3浅草 by 星野リゾート

オモスリーあさくさ バイ ほしのリゾート

「粋だねぇ、浅草上手」をコンセプトに浅草を満喫できるさまざまな宿泊体験を用意。館内の至る所から浅草寺や東京スカイツリーなどを望め、眺望も抜群。
MAP P.183 C-2
☎050-3134-8095 🏠台東区花川戸1-15-5 🕐IN15:00 OUT11:00 ⑤1泊1室2万2000円～ 🛏98室 📍地下鉄浅草駅7番出口から徒歩4分

浅草寺の境内を
眼下に望めます

東京絶景
×
SENSOJI

1 デラックスツインルーム 2 江戸時代の屋台の食べ物などを中心に歴史と浅草の名店を紹介 3 24時間軽食や飲み物をセルフで購入できるOMOベースでは浅草のパン屋さんのパンも

HOTEL × AREA

この街に泊まりたい！
激推しホテルはコチラ

目の前がMIYASHITA PARK
渋谷で遊ぶなら最高の立地

渋谷

SHIBUYA

MIYASHITA PARK

パークビューと共に！

1 グループ利用に最適な4つのベッドがある
BUNK ROOM **2** 最上階にはSUITE ROO
M。晴れた日は富士山を望む **3** 朝食は7時か
ら12時まで。1名2970円

sequence MIYASHITA PARK
シークエンス ミヤシタパーク

渋谷の人気スポット「MIYASHITA PARK」に直結し
た公園一体型ホテル。大きな窓の向こうに広がる渋
谷の街と公園を見渡す秘密基地のような客室でゆっ
くり過ごせます。翌日14時まで滞在できるのも魅力。

MAP P.177 C-2
☎03-5468-6131 ⌂渋谷区神
宮前6-20-10 MIYASHITA P
ARK North ⏰IN17:00 OUT
14:00 ①1泊1室2万1500円
〜 ⌂240室 ♀JR渋谷駅ハチ
公口から徒歩7分

出会いの街・銀座コリドー街
からナイトライフを発信！

レコードの音が
居心地抜群

銀座

GINZA

イタリアンベースの洋食

ザ ロイヤルパーク キャンバス 銀座コリドー
ザ ロイヤルパーク キャンバス ぎんざコリドー

"酔いしれる"をコンセプトに、お酒や音楽、人と出会い、酔
いしれるコンテンツが充実。館内にはタイプの異なるバー
が4つあり、月〜土曜はDJライブも開催されています。

MAP P.171 B-3 ☎03-3573-1121 ⌂中央区銀座6-2-11 ⏰IN15:00
OUT11:00 ①1泊1室（朝食付）4万5000円〜 ⌂161室 ♀地下鉄銀
座駅C1・C2出口から徒歩5分

1 2階ラウンジ。DJライブの音と光に酔いしれ
て **2** 和酒専門バー「OMIKI BAR」 **3** お酒がテ
ーマの客室が3種 **4** 朝からプロセッコも！

164

深川めしや万久味噌の味噌汁

5

レストランに由緒ある舞台を併設

NEW OPEN VIEW AREA

浅草
ASAKUSA

1 コンセプトルーム **2** 情緒あふれる館内 **3** 浅草銘菓も楽しめるラウンジ **4** 伝統文化を鑑賞 **5** 朝食は"浅草"が味わえるメイン料理＆ハーフブッフェ

浅草ビューホテル アネックス 六区
あさくさビューホテル アネックス ろっく

粋な遊び体験で"本当の浅草"を感じられる体験型ホテル。本家銀座歌舞伎座で使用していた檜板を移築した舞台では、浅草芸者の踊りが楽しめるなど、伝統文化に触れられます。

MAP P.183 B-2 ☎0570-003-235 🏠台東区浅草2-9-10 ◑IN15:00 OUT11:00 💰1泊1室（朝食付）4万4600円～ 🛏199室 📍つくばエクスプレス浅草駅7番出口から徒歩2分

浅草の魅力を再発見！
伝統・芸能文化を体験できる

SHINJUKU
新宿

東京都庁がそびえる

新宿の喧噪から離れた
西新宿エリアの文化発信拠点

THE KNOT TOKYO Shinjuku
ザ ノット トウキョウ シンジュク

目の前に新宿中央公園が広がるライフスタイルホテル。カフェやラウンジを立体的につなぐ1・2階のウェルカムスペースなど、ワーカーや近隣住民など宿泊客以外にも快適なくつろぎを提供。

MAP P.169 C-2 ☎03-3375-6511 🏠新宿区西新宿4-31-1 ◑IN15:00 OUT10:00 💰1泊1室（朝食付）2万5920円～ 🛏408室 📍地下鉄都庁前駅A5番出口から徒歩4分、JR新宿駅西口から徒歩14分

焼き立てパンもお忘れなく！

1 アートに彩られたラウンジ **2** 都庁を望むパークビューデラックスツイン。客室は公園の緑をイメージした緑色が基調に **3** 朝食は1階の「MORETHAN TAPAS LOUNGE」で

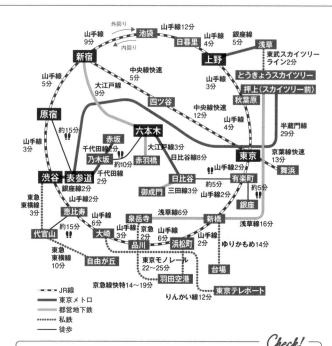

外回り
内回り

山手線9分
池袋
山手線12分
日暮里
山手線4分
上野
銀座線5分
浅草
東武スカイツリーライン2分

新宿
中央線快速5分
とうきょうスカイツリー
押上〈スカイツリー前〉
秋葉原

山手線5分
大江戸線9分
四ツ谷
山手線3分
中央線快速12分

原宿
約15分
六本木
大江戸線3分
山手線4分

赤坂
千代田線2分
乃木坂
日比谷線8分
半蔵門線29分

山手線3分
約10分
赤羽橋
東京
2分

渋谷
表参道
千代田線2分
日比谷
有楽町
京葉線快速13分
舞浜

東急東横線3分
銀座線2分
御成門
三田線3分
約5分
約5分
銀座

恵比寿
山手線2分
山手線2分
浅草線6分
新橋

約15分
泉岳寺
山手線3分
浅草線16分

代官山
大崎
京急2分
山手線6分
浜松町2分
ゆりかもめ14分

東急東横線10分
自由が丘
品川

東京モノレール22〜25分
台場

東京テレポート

羽田空港
京急線快特14〜19分
りんかい線12分

- ・JR線
— 東京メトロ
— 都営地下鉄
・・・私鉄
— 徒歩

Q. 東京都内はどう動く？

A1. 電車移動が基本です。JR山手線×地下鉄を使いこなしましょう。

東京中心部を環状に結ぶJR山手線とその内側に集中する地下鉄の組み合わせが基本。主要駅の位置関係を把握しておきましょう。駅名は異なっても徒歩で移動できる駅、逆に駅名は同じでも乗り換えにかなりの時間を要する駅もあるので。あらかじめ調べておくと安心。

JR
JR山手線
初乗り150円〜
※ICカードの場合は146円

地下鉄
都営地下鉄
初乗り180円〜
※ICカードの場合は178円

都営地下鉄と東京メトロの2つ

 浅草線　 三田線

 新宿線　 大江戸線

東京メトロ
初乗り180円〜
※ICカードの場合は178円

 銀座線　 丸ノ内線　 日比谷線

T 東西線　C 千代田線　Y 有楽町線

Z 半蔵門線　N 南北線　F 副都心線

Check!

隣接する駅間は徒歩移動の方が早い！？

JRや地下鉄、私鉄が複雑に入り組む東京の鉄道事情。路線図では離れているように見える駅間が実は地下通路でつながるなど、徒歩数分で乗り換えができることも多い。覚えておくと便利な代表的な駅をチェック！

東京駅	有楽町駅	浜松町駅	原宿駅
JR山手線、東京メトロ丸ノ内線ほか	JR山手線、東京メトロ有楽町線ほか	JR山手線、東京モノレールほか	JR山手線

| 徒歩5分 | 徒歩5分 | 徒歩すぐ | 徒歩すぐ |

大手町駅	日比谷駅	大門駅	明治神宮前〈原宿〉駅
東京メトロ東西線・半蔵門線、都営地下鉄三田線ほか	東京メトロ日比谷線、都営地下鉄三田線ほか	都営地下鉄大江戸線・浅草線	東京メトロ千代田線・副都心線

A2. 都営バスも便利です。

バス停からすぐ乗車でき楽チン。渋谷⇄六本木などは1本でアクセス可能。鉄道と比べると本数が少なく、交通渋滞などで時間が読めませんが、体力温存派におすすめ！

都営バス
210円（23区内は均一運賃）
※ICカードの場合も210円
※運賃は乗車時支払い

100円

六本木〜麻布エリアを走る

ちぃばす

主なルート
港区役所北→六本木けやき坂→東京タワー入口→東京タワー下→港区役所（麻布東ルート）

☎03-3455-2213（株式会社フジエクスプレス）⏰7:30〜20:00ごろ（麻布東ルート）⏰平日30〜60分、土・日曜・祝日約60分間隔で運行

100円

原宿・表参道をめぐる

ハチ公バス

主なルート
渋谷駅ハチ公口→明治神宮（原宿前）→表参道駅→明治公園前→代々木駅（神宮の杜ルート）

☎03-6412-0190（東急バス株式会社）⏰7:30〜19:30ごろ（神宮の杜ルート）※約15分間隔で運行

A3. コミュティバスにもトライ！

都内には、自治体が公共交通手段を補うために運営しているコミュニティバスがいくつかあります。低価格で利用できるので要チェック！

100円

台東区内を循環

台東区循環バス めぐりん

主なルート
台東区役所→上野駅入谷口→千駄木駅→上野動物園池之端門前→京成上野駅→浅草駅→台東区役所（東西めぐりん）

☎03-5682-1122（日立自動車交通株式会社）、03-3691-0935（京成バス株式会社奥戸営業所）⏰6時台〜20時台 ※15〜20分間隔で運行

Q. あると便利な乗車チケットは？

A. 乗り放題系チケットがイチオシです。

鉄道各社から出ている、乗り降り自由の特別乗車券があります。移動の多い日はぜひ活用して。該当の一日乗車券を利用すると、特典のつく「CHIKA TOKU」も。一日乗車券を使いこなす観光プランを考えるのもアリ！

東京メトロ24時間券600円
東京メトロ全9路線が乗り放題。改札を通ってから24時間有効。

都営地下鉄・東京メトロ一日乗車券900円
東京メトロ全9路線と都営地下鉄全4路線が1日乗り放題。

東京フリーきっぷ1600円
地下鉄2社とJR線（都区内に限る）・都バスなどが1日乗り降り自由。

一日乗車券利用に特典があります。「CHIKA TOKU」をチェック！

「都営交通」「東京メトロ」が発行する一日乗車券などの対象となる乗車券を提示すると、施設の割引やプレゼントなどの特典が受けられるサービス「CHIKA TOKU」。詳細は「ちかとく」で検索してみてください。

今日を価値ある一日に
知らなかった「東京」に出会うなら
CHIKA TOKU 一日乗車券特典ガイド

Q. 王道以外のおすすめ移動手段はありますか？

A. 自転車、水上タクシー、電動キックボードはいかがでしょう。

今では定番のシェアサイクルのほか、観光気分で楽しめる水上タクシーや運転好きなら電動キックボードシェアリング（年齢確認書類提出が必要）など、移動そのものを楽しむ選択肢がたくさん。

おすすめ★★★
自由に都内を走り回る！

自転車

都内16区どこのポートからでも利用できるシェアサイクルサービス。スマホより専用アプリをダウンロードし、会員登録（無料）をすれば利用可能。

ドコモ・バイクシェア
☎なし ⏰24時間 ⏰30分ごとに165円 URL docomo-cycle.jp

おすすめ★★
水上からアクセス！

水上タクシー

東京スカイツリー、豊洲、お台場を含む都内15カ所から乗船可能。日時、発着場所、コースをWebでリクエストできるベーシックライドが人気（最大定員8名）。

東京ウォータータクシー
☎03-6673-2528（東京ウォータータクシー株式会社）⏰11:00〜20:00 ⏰月曜 ⏰ベーシックライド1隻15分5000円〜、飲食持込み可。リードのまま愛犬と一緒に乗船可能 URL water-taxi.tokyo

おすすめ★★★
安全第一で移動を楽しむ！

電動キックボード

都内4500カ所以上で利用できる電動キックボードのシェアリングサービス（アプリのダウンロードが必要）。スマホ一つで好きな場所へ移動できる新定番の交通インフラ。

LUUP
☎なし ⏰24時間 ⏰基本料金50円＋時間料金1分経過ごとに15円 URL luup.sc

1

2

3

4

5

王子駅
上中里駅
駒込駅
橋駅
巣鴨駅
北区
大塚駅
文京区
荒川区
都電荒川線
見沼代親水公園駅
綾瀬駅
千代田線
北千住駅
町屋駅
牛田駅
P.88 Coffee Work Shop Shanty
堀切菖蒲園駅
堀切Jct
堀切菖蒲園
京成高砂駅
青砥駅
京成立石駅
葛飾区
京成本線

護国寺駅
小石川植物園
台東区
上野動物園
南千住駅
鐘ヶ淵駅
四ツ木駅
環七通り
新小岩駅

GOAT P.105
ROUTE BOOKS
P.93
P.182
東京スカイツリー
曳舟駅
とうきょう
スカイツリー駅
京成曳舟駅
蔵前橋通り
JR総武線
市川駅

Aux Merveilleux de Fred P.87
P.76 オザワ洋菓子店
上野駅
P.139
御徒町駅
浅草駅
大衆食堂 ゆしまホール
本所吾妻橋駅
押上駅
墨田区
亀戸天神
平井駅
吉野湯 P.151
京葉道路

後楽園駅
御茶ノ水駅
飯田橋駅
P.67 東京豆花工房
P.58 近江屋洋菓子店
P.184 下図
和牛放題の殿堂 秋葉原
肉球横丁
P.133
秋葉原駅
両国駅
黄金湯 P.150
Single O Ryogoku Roastworks/Café
錦糸町駅
亀戸駅
小松川線
小松川Jct

市ケ谷駅
神田駅
P.89 サロンクリスティ
エチオピアカリーキッチンアトレ秋葉原1店 P.38
Hiromi&Co. P.86
日本橋浅田 P.38
大島駅
都営新宿線

四ツ谷駅
千代田区
P.67
四ツ谷一餅堂
大手町駅
P.172
森下駅
清澄白河駅
新大橋通り
住吉駅
新大橋駅

濠町駅
皇居外苑
東京駅
清澄庭園
半蔵門線
LUFF Flower & Plants WORKS P.96
東京都現代美術館 P.37

国会議事堂
坂離宮
P.178
P.170
有楽町駅
中央区
門前仲町駅
たむらパン P.99
江東区
東西線
葛西橋駅

キャピトルホテル東急
P.83
'83ラウンジ
ORIGAMI
六本木通り
虎ノ門
ヒルズ駅
虎ノ門ヒルズ駅
新橋駅
二重橋
越中島駅
木場駅
東陽町駅
南砂町駅
西葛西駅

港区
浜松町駅
もんじゃ蔵 P.143
潮見駅
明治通り

イベント東京/オートグラフ コレクション
プリンスタワー
豊洲ベイサイドクロス
浜崎橋Jct
晴海
豊洲千客万来 下へ
P.46 豊洲 千客万来
P.41 豊洲市場
辰巳の森
辰巳Jct
夢の島公園
荒川湾岸橋
葛西Jct

目黒線
田町駅
芝浦Jct
ラビスタ東京ベイ
新木場駅
CASICA P.56
江戸川区

白金高輪駅
東京都庭園美術館 P.36
白金台駅
五反田駅
P.162
湾岸道路
JR京葉線
葛西臨海公園駅

高輪ゲートウェイ駅
東雲駅
りんかい線
国際展示場駅

品川駅
P.54 TOKYO CRUISE
台場
有明
東京国際展示場
（ビッグサイト）

P.21
東京豆腐生活
マクセル アクアパーク品川
P.144
天王洲アイル駅
青海
ゆりかもめ
若洲ゴルフリンクス

breadworks 天王洲
P.49
テレコムセンター
東京港

品川区
品川シーサイド駅
大井Jct

鮫洲駅
大井町駅
立会川駅

下神明駅
西大井駅
大井競馬場前

P.30 魔法の文学館
舞浜
0   1km

豊洲千客万来
江戸深川屋 P.46
炭焼魚串 おにぎり 越後屋助五郎 P.46
相馬水産 P.46
浅草茶屋 たばねのし P.46
魚商 小田原六左衛門 P.47
豊洲のみよし P.47
豊洲えんぎもの P.47
東京豊洲 万葉倶楽部 P.47
不動夢幻流 神風錬道場 P.47
海鮮バイキング いろは 豊洲 P.47

JR京葉線
舞浜駅
東京ディズニーシー・
ファンタジースプリングスホテル
P.14 東京・
ディズニーシー

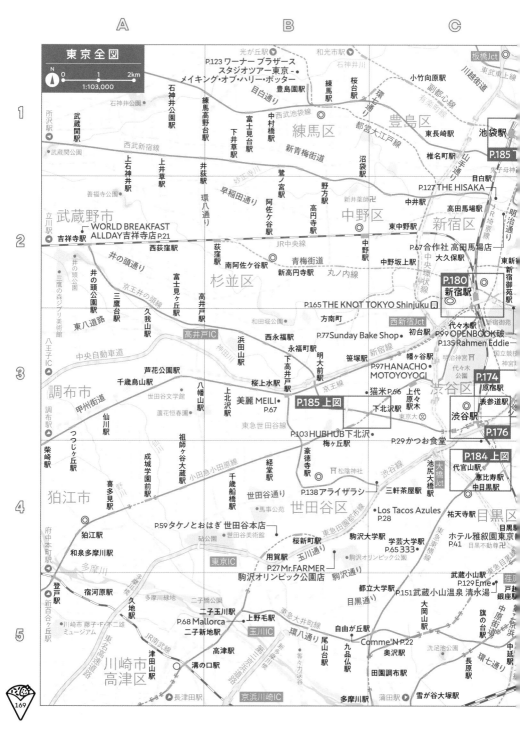

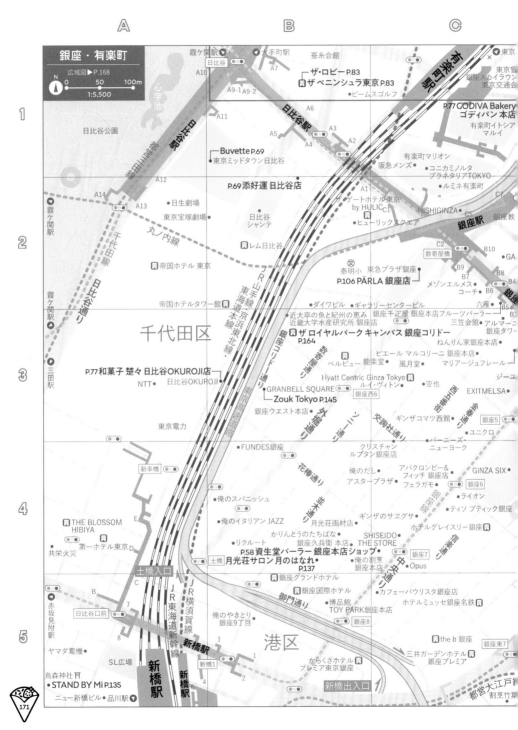

D

E

F

25 DAYLILY
誠品生活
日本橋店
25.32
オリエンタル東京
日本銀行本店 本館
P.32 三井本館
P.33 日本橋三越本店

コレド室町テラス
上野駅
YUITO
三越前駅 A9
A8
マンダリン
A6
コレド室町2
コレド室町1
三井住友
コレド室町3
A5
A4
日本銀行金融研究所
貨幣博物館
三越劇場
金子半之助
日本橋本店

上野

本町出口

首都高速上野線

本町入口

ヴィラフォンテーヌ

西鉄イン日本橋

秋葉原駅
浅草橋駅
人形町通り
A4
人形町
A3
A5
人形町駅
A6
hotel zen tokyo
下図 人形町

1

石橋
日本橋
三越新館
A2
B4
P.71カフェ&レストラン
ランドマーク
A1
A4
再開発中)
英も楼建本舗
日本橋本店
A3
A7
日本橋駅
B9
A6
B10 コレド日本橋
B5
B8
B12
日本橋
日本橋 やぶ久

常盤稲荷
江戸橋北
P.143
三代目たいめいけん
日本橋クルーズ
(再開発中)
日本橋局
江戸橋
B1
B2
B3
日本橋高島屋 S.C. 新館

江戸橋Jct
P.40 小網神社
兜神社
teal P.63,87
K5 P.62
SWITCH COFFE TOKYO K5 P.62
東京証券取引所
Pâtisserie ease P.63
BANK P.56,63
Omnipollos Tokyo P.63
平和どぶろく兜町醸造所 P.98

玉ひで
甘酒横丁
水天宮前駅
東横イン
新大橋通り
銀杏八幡
小網町局
蛎殻町

2

日本橋高島屋 S.C. 本館 P.33
BANANA JUICE TOKYO
八重洲通り
ミュージアムタワー
昭和通り
都営浅草線
鳥越稲荷
平成通り
中央署
吉野鮨本店
武田薬品

日枝神社
相鉄フレッサイン
11
10
9
12
兜町
8
茅場町
4b
4a
7
6
東西線
5
3
証券会館

人形町
N 0 100m
笠間稲荷神社
東京別社
都営浅草線
末廣神社 P.40
マルエツプチ
甘酒横丁
人形町今半本店
柳屋
人形町
日比谷線
甘酒横丁
玉ひで
人形町の
からくり時計
半蔵門線
P.40
茶ノ木神社
重盛永信堂
水天宮前駅
水天宮

3

中央通り
八重洲通り
住友不動産
ビコロビル
宝町駅
京橋宝町
A8
A7
A2
A1
新橋駅
都営浅草線
徒歩約3分
宝町出入口
中央区
ホテル八重の塔 東京
sonna banana
八丁堀
マルエツプチ
味の素
日比谷線
新常盤橋
スマイルホテル
東京日本橋
サードニクス

水天宮前
N 0 100m
Boulangerie Django
トルナーレ
松島神社 P.40
P.105 PAPIER TIGRE
水天宮 P.40
水天宮前駅
浜町
ロイヤル
パークホテル

4

京橋宝町
A1
新橋駅
京華スクエア
京橋
新木場駅
maru 2F P.128
WISE OWL HOSTELS TOKYO
銀座駅
B1
新大橋通り
八丁堀駅
中央八丁堀局
天祖神社
日比谷稲荷神社
八丁堀

小伝馬町
総武快速線
Hiromi & Co. P.86
haritts 小伝馬町店
小伝馬町駅
P.40 椙森神社

都営新宿線
BEAVER BREAD P.23
馬喰横山駅
小伝馬町
N 0 100m

5

172

広域図 ▶P.168

N

0　50　100m
1:8,300

A **B** **C**

1

Otemachi One
フォーシーズンズホテル
東京大手町
東京大手町

星のや東京
フィナンシャルシティ

読売新聞　サンケイビル

御茶ノ水駅 神田駅・上野駅
錦糸町

大手町
大手町プレイス

C4
C6b

C6a
大手町パークビル
大手町ホトリア

大手町駅
A4 大手町駅

E1
大手町ビル
E2

A5

NTTデータ
アーバンネット

上野東京ライン
JR東北・上越・北陸新幹線
JR東北・高崎・宇都宮線
JR中央・総武快速線

常盤橋公園

首都高速八重洲線

C7
C8 紀伊國屋

大手門タワー・
エネオスビル
大手門
大手町センタービル

C9 C10

大手町

**P.82 ザ・ラウンジ
by アマン**
P.82 アマン東京

C11
C12 OOTEMORI

野村ビル

2

P.59 パレスホテル東京
ペストリーショップ
スイーツ&デリ
P.83 ロビーラウンジ
ザ・パレス ラウンジ
P.83 パレスホテル東京

C13b
C13a

パレスビル

三井住友
本店

C14

B0 新大手町ビル

B1 大手町駅

B2a

B3

B6(閉鎖中)

B8a(閉鎖中) 常盤橋タワー

B8b B10

B9

呉服橋

トラストタワーN

日本生命
丸の内ガーデンタワー

D6 D5

丸の内テラス

iiyo!!(イーヨ!!)

B2b
B2c
B4 14
B5

丸善

ホテルメトロポリタン
丸の内

鉄鋼ビルディング

和田倉濠

和田倉橋

D4

みずほ
丸の内タワー

丸の内オアゾ
丸ノ内ホテル

丸の内中央ビル

B7

東京グルメゾン

**P.39
サラベス東京**

和田倉噴水公園

D3

(再開発中)

シャングリ・ラ
ホテル 東京

オーツウッド
プレミア東京

3

千代田区

行幸通り

D2 D1

新丸ビル

4a

東京駅

東京ステーション
ギャラリー

南掘横丁

大丸東京店

16 八重
ターミナルホテ

皇居前広場

D7

東京駅丸の内広場

駅中央口

4b Echika fit 東京

東京ステーションギャラリー
グランスタ丸の内

東京駅一番街

12
13

14 15

GODIVA café Tokyo
(再開発中)

P.106 BUTTER 美瑛放牧酪農場

丸ビル

P.76 SOBAP グランスタ東京店
GRANSTA TOKYO

グランスタ八重洲

10
9

八重洲中央口前

19
20
21

馬場先濠
〈二重橋前〉駅

都営三田線

皇居前広場

P.162 東京ステーションホテル
P.41 SKY HOP BUS

丸の内仲通り

丸の内ストリートギャラリー

三菱ビル
10

丸の内南口

東京駅

エキュート東京

ヤエチカ

8

17

26 25

4

Made in ピエール・エルメ 丸の内

D6

丸の内ブリックスクエア
丸の内パークビル
丸の内
マイプラザ

三菱UFJ

2

1

東京中央
郵便局

KITTE

はとバス

東京ミッドタウン八重洲

**P.130
ヤエスパブリック**
かき氷コレクション・パトン
クラフト麦酒酒場 シトラ
オルソー P.130
POPUPラーメン P.130
ブルガリ ホテル 東京 P

馬場先門

B6

B7

丸の内
二重橋ビル

12

東京ビル
TOKIA

丸ノ内線

グラントウキョウ
サウスタワー

フォーシーズンズホテル
丸の内東京

(再開発中)

コートヤード・
バイ・マリオット
東京ステーション

京橋駅

日比谷通り

B5

新東京ビル

相田みつを
美術館

東京駅

鍛冶橋

KYOBASHI
EDOGRAND

国際ビル

JR横須賀線

東京駅

1

丸の内出口

5

市ケ谷駅

六本木駅

B4

B3

帝国劇場
出光美術館

新国際ビル

**P.59
NUMBER SUGAR 丸の内店**

pâtisserie Sadaharu AOKI
paris 丸の内店

東京国際
フォーラム

丸の内

JR東海道本線

JR京葉線

外堀通り

西銀座Jct

鍛冶橋通りJR京葉線

東京スクエアガーデン

国立映画アーカイブ
気象庁

日比谷通り

有楽町線

有楽町駅

D2 D4

日比谷ファースト

B2

D3

丸の内署

ビックカメラ

D9

D8

3 有楽橋

ポリスミュージアム

新京橋出

京橋駅

P.170 銀座・有楽町

赤坂駅
ザ・ペニンシュラ東京
新橋駅

D7
D5 東京
交通会館

品川駅

西銀座入口
豊洲駅

銀座一丁目駅

銀座駅

首都高速

173

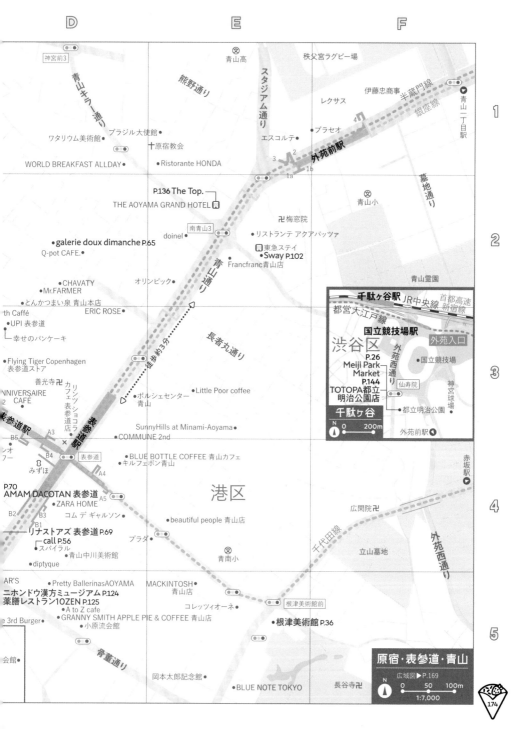

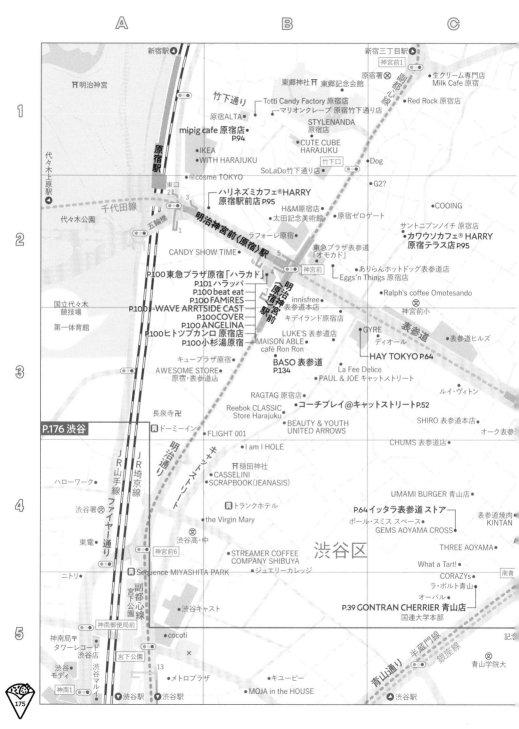

新宿駅

冊 明治神宮

竹下通り

新宿三丁目駅
神宮前1

東郷神社 冊 東郷記念会館
新宿署

生クリーム専門店
Milk Cafe 原宿

Totti Candy Factory 原宿店

Red Rock 原宿店

原宿ALTA
マリオンクレープ 原宿竹下通り店

STYLENANDA
原宿店

mipig cafe 原宿店
P.94

IKEA
WITH HARAJUKU

CUTE CUBE
HARAJUKU

代々木上原駅

原
宿
駅

@cosme TOKYO

竹下口

Dog

SoLaDo竹下通り店

千代田線

東口
2

3

G2?

代々木公園

ハリネズミカフェ®HARRY
原宿駅前店 P.95

COOING

五輪橋

明治神宮前(原宿)駅

H&M原宿店
太田記念美術館

原宿ゼロゲート

サントニブンノイチ 原宿店

1

ラフォーレ原宿

カワウソカフェ® HARRY
原宿テラス店 P.95

国立代々木
競技場

CANDY SHOW TIME

5

東急プラザ表参道
「オモカド」

ありらんホットッグ表参道店

第一体育館

6

神宮前

Eggs'n Things 原宿店

P.100 東急プラザ原宿「ハラカド」

明
治
神
宮
前
原
宿
駅
前

P.101 ハラッパ
P.100 beat eat
P.100 FAMiRES
P.100 I-WAVE ARRTSIDE CAST
P.100 COVER
P.100 ANGELINA
P.100 ヒトツブカンロ 原宿店
P.100 小杉湯原宿

innisfree

Ralph's coffee Omotesando

表参道本店

神宮前小

キデイランド原宿店

LUKE'S 表参道店

GYRE

表参道ヒルズ

MAISON ABLE
café Ron Ron

ディオール

HAY TOKYO P.64

キュープラザ原宿

BASO 表参道
P.134

La Fee Delice

AWESOME STORE
原宿・表参道店

PAUL & JOE キャットストリート

ルイ・ヴィトン

RAGTAG 原宿店

長泉寺 卍

コーチプレイ@キャットストリート P.52

ドーミーイン

Reebok CLASSIC
Store Harajuku

SHIRO 表参道本店

P.176 渋谷

FLIGHT 001

BEAUTY & YOUTH
UNITED ARROWS

オーク表参

CHUMS 表参道店

I am I HOLE

ハローワーク

冊 穏田神社

CASSELINI
SCRAPBOOK(JEANASIS)

UMAMI BURGER 青山店

P.64 イッタラ表参道 ストア

渋谷署

トランクホテル

ポール・スミス スペース
GEMS AOYAMA CROSS

表参道焼肉
KINTAN

東電

the Virgin Mary

THREE AOYAMA

ニトリ

渋谷高・中

渋谷区

神宮前6

What a Tart!

STREAMER COFFEE
COMPANY SHIBUYA

南青

Sequence MIYASHITA PARK

ジュエリーカレッジ

CORAZYs
ラ・ポルト青山

副都
心線

渋谷キャスト

オーバル

P.39 GONTRAN CHERRIER 青山店

宮
下
公
園

国連大学本部

神南郵便局前

cocoti

神南局〒
タワーレコード
渋谷店

半蔵門線

記念

渋谷
モディ

青
山
通
り

銀座線

青山学院大

宮下公園

×

13

メトロプラザ

神南1

渋谷マル

キユーピー

渋谷駅

渋谷駅

MOJA in the HOUSE

渋谷駅

奥渋谷

N 0   100m

P.134 按田餃子

P.66 押競饅頭

小田急小田原線

新宿駅

代々木八幡駅

代々木公園

代々木上原駅

365日 P.23

代々木公園駅

千代田線

東京ジャーミイ・トルコ文化センター

P.153 Fireking cafe

pâtisserie BIEN-ÊTRE

富谷小

mimet 2

CACAO STORE

プルミエメ P.39

南門

明治神宮前（原宿）駅

井の頭通り

代々木上原駅南

古賀政男音楽博物館
けやきホール

←‥‥徒歩約3分‥‥▷

HININE NOTE

杜の風・上原

上原 1

首都高速中央環状線

代々木公園交番前

陸上競技場

上原 3

下北沢駅

IPPUKU&MATCHA 代々木上原店 P.106

上原中

渋谷区

FUGLEN TOKYO

P.97 NEO GREEN

井の頭通り

上原小

東海大望星高校
東海大
代々木キャンパス

山手通り

コートジボワール大使館

富ヶ谷出入口

SPBS本店

神山町

cocoti

宮下公園

半蔵門線

青山通り

記念館

青学会館

B1
メトロプラザ

銀座線

青山学院大

P.175 原宿・表参道・青山

三菱UFJ

20a

茶亭 羽當 P.153

宮益坂上

渋谷区

間島記念館

青山学院
女子短大

B3 EST

渋谷局

宮益坂

西門前

図書館

東京たらこスパゲティ

宮益坂下

渋谷駅

B4 りそな

埼H町

サクラ・フルール青山

青山学院中

渋谷アクシュ(SHIBUYA AXSH) P.70

青山学院高

B5

渋谷ヒカリエ

渋谷クロスタワー

みずほ銀行
事務センター

kinö

首都高速渋谷線

青山トンネル

谷町Jct

B6

渋谷スクランブルスクエア

SHIBUYA SKY P.34,144

渋谷署前

渋谷出口

六本木通り

渋谷2

青山学院初等部

エシレ・パティスリー オ ブール 東急フードショー エッジ店 P.58

渋谷入口

C3

渋谷署

ポッシュ

実践女子学園高・中

C1

金王八幡宮

卍東福寺

C2

渋谷ストリーム

渋谷ストリーム エクセルホテル東急

‥徒歩約3分‥

コーププラザ

渋谷南
東急ビル

ウインズ渋谷

ホテルメッツ渋谷

恵比寿駅

代官山駅

渋 谷

広域図▶P.169

N 0   50   100m
1:6,500

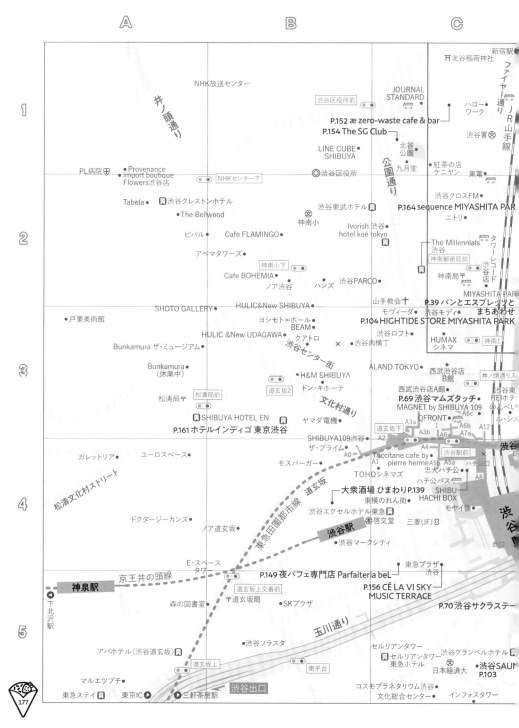

A　　　　　　　　　B　　　　　　　　　C

1

井ノ頭通り

NHK放送センター

新宿駅

北谷稲荷神社

渋谷区役所前

JOURNAL
STANDARD

ハロー
ワーク

渋谷署

ファイヤー通り

JR山手線

P.152 æ zero-waste cafe & bar
P.154 The SG Club

LINE CUBE
SHIBUYA

北谷
公園

公園通り

九南堂

紅茶の店
ケニヤン

東電

渋谷クロスFM

2

PL病院　● Provenance
　　　　　import boutique
　　　　　Flowers渋谷店

NHKセンター下

渋谷区役所

Tabela ●

渋谷クレストンホテル

渋谷東武ホテル

P.164 sequence MIYASHITA PAR

ニトリ ●

● The Bellwood

ピバル　　Cafe FLAMINGO ●

神南小

Ivorish 渋谷
hotel koé tokyo

The Millennials
渋谷

タワーレコード
渋谷店

アベマタワーズ

神南小下

渋谷PARCO

神南郵便局前

神南局 〒

MIYASHITA PAR

Cafe BOHEMIA ●

ノア渋谷

ハンズ

3

SHOTO GALLERY ●

HULIC&New SHIBUYA ●

● 戸栗美術館

ヨシモト∞ホール ●
BEAM

クアトロ

山手教会 ✝

モヴィーダ

渋谷モディ

P.39 パンとエスプレッソと
まちあわせ

Bunkamura ザ・ミュージアム ●

HULIC &New UDAGAWA ●

渋谷センター街

× 渋谷肉横丁

P.104 HIGHTIDE STORE MIYASHITA PARK

渋谷ロフト

HUMAX
シネマ

神南1

Bunkamura
（休業中）

H&M SHIBUYA

ALAND TOKYO
B館

西武渋谷店

井ノ頭通り入

松濤局前

ドン・キホーテ

西武渋谷店A館

渋谷東
REIホテ

松濤局 〒

道玄坂2

文化村通り

西武渋谷店A館
P.69 渋谷マムズタッチ

のんべい

SHIBUYA HOTEL EN

ヤマダ電機

MAGNET by SHIBUYA 109

A6c

A12

P.161 ホテルインディゴ 東京渋谷

SHIBUYA109渋谷

道玄坂下

A3a

QFRONT

1

A6b

A7a

渋谷駅

4

● ガレットリア

ユーロスペース ●

ザ・プライム

渋谷駅前

A3b

A6a

A8

A0

l'occitane cafe by
pierre hermé

A1

A5b

A5a

忠犬ハチ公

ハチ公口

モスバーガー ●

A4

ハチ公バス

松濤文化村ストリート

TOHOシネマズ

ハチ公前

SHIBU
HACHI BOX

大衆酒場 ひまわり P.139

● ドクタージーカンズ

東横のれん街

モヤイ像

渋谷

ノア道玄坂 ●

渋谷エクセルホテル東急

東急田園都市線

道玄坂

啓文堂

三菱UFJ

E・スペース
タワー

渋谷マークシティ

京王井の頭線

5

神泉駅

東急プラザ
渋谷

下北沢駅

P.149 夜パフェ専門店 Parfaiteria beL

道玄坂上交番前

森の図書室

道玄坂局 〒

SKプラザ

P.156 CÉ LA VI SKY
MUSIC TERRACE

P.70 渋谷サクラステー

玉川通り

アパホテル〈渋谷道玄坂〉

渋谷ソラスタ

道玄坂上

セルリアンタワー

セルリアンタワー
東急ホテル

渋谷グランベルホテル

渋谷SAUN
P.103

南平台

日本経済大

マルエツプチ

コスモプラネタリウム渋谷

インフォスタワー

東急ステイ　東京IC　三軒茶屋駅

渋谷出口

文化総合センター

177

D　　　E　　　F

見附駅　●永田町駅　●内閣府
外堀通り　●首相官邸　内閣府下
溜池山王駅　首都高速都心環状線
10　●　財務省　銀座駅
霞ヶ関駅
経済産業省
金融庁　霞ケ関コモンゲート　経産省別館
11　溜池　特許庁　文部科学省　経産省別館
イイノホール●
銀座線
11
テルマイステイス　P.60 dam brewery restaurant
プレミア赤坂　P.60 CRAZY PIZZA TORANOMON　虎ノ門駅　外堀通り　日比谷シティ
12　赤坂インターシティAIR　P.61 Uké　グローバルスクエア　千代田区
●赤坂インターシティ　P.61 Builders　金刀比羅宮
P.61 立喰すし魚河岸 山治　酒食堂 虎ノ門蒸留所 P.126
アメリカ大使館　P.61 DOLCE TACUBO CAFFE　ソムタム ダー P.131
ANAインター　P.76 赤坂おぎ乃 和甘　Äta 虎ノ門 P.131
コンチネンタル　P.60 T-MARKET　TORANOMON BREWERY P.131
ホテル東京　P.20 RITUEL 虎ノ門　振り塩とイタリアン イル・フリージオ P.131
●アーク森ビル　P.48 flour+water 虎ノ門　虎ノ門横丁 P.131
常国寺　虎ノ門ヒルズステーションタワー　虎ノ門ヒルズ
六本木2　虎ノ門ヒルズ駅　ビジネスタワー
谷町Jct　ホテルオークラ東京　虎ノ門ヒルズ　Andaz Tokyo Toranomon
サントリーホール　P.59 アンダーズ 東京　Hills-a concept by Hyatt
西光寺　ペストリー ショップ　南桜公園
道源寺　虎ノ門タワーズ　新虎通り　日比谷
スペイン大使館　気象科学館　築地虎ノ門トンネル　シティホテル
東京ワールドゲート　愛宕1　新橋4
飯倉入口　泉ガーデン　トラストタワー　愛宕神社
●スウェーデン大使館　天徳寺　赤レンガ通り
ヴィラフォンテーヌ六本木　NHK　愛宕下　慈恵医大病院
●仙石山レジデンス　放送博物館　通り　芝郵便局　ホテル1899東京
神谷町　フォレストタワー　青松寺
光明寺　孝寿院　東京慈恵会医科大
布小　MORIタワー　御成門中
省飯倉公館　霊友会　青竜寺　オランダ大使館
P.78　麻布局　雲晴院　御成門小　御成門
麻布台ヒルズ　正則高　御成門駅　愛宕署　福祉プラザ
麻布台ヒルズ 左下へ　聖アンデレ教会　芝公園　浜松町1　新橋駅
外苑東通り　飯倉　芝高・中　みなと図書館　日本赤十字社
ロシア大使館　金地院　芝公園3　天光院
アメリカン　東京プリンス　二天門　芝パークホテル
クラブ　ラジオ日本　P.41,145 東京タワー●　ホテル　慶應義塾大　都営浅草線
公園　心光院　東京タワー前　港区役所
アフガニスタン　P.49 ル・パン・コティディアン 芝公園店　安国殿
大使館　東京タワー　安国殿　芝大神宮
メディアセンター　増上寺　三解脱門　増上寺前
港区　東京タワー下　日比谷通り　大門通り　大門駅
いすと通り　芝公園　大門駅
都営大江戸線　ザ・プリンス　都営三田線　メルパルク東京
パークタワー東京
橋Jct　P.163　東照宮　メルパルク
CRISP SALAD　赤羽橋駅　芝公園出口　ホール
WORKS　芝公園入口　浜松町2
国際医療福祉大　芝公園入口　泉岳寺駅
三田病院　三田駅

178

1

2

3

4

5

半蔵門線
246
青山一丁目駅
銀座線
渋谷駅
青山1
4
3
5
4

赤坂図書館
専福寺卍
報土寺卍

P.38 おにぎり こんが 赤坂Bizタワー店
赤坂Bizタワー
赤坂サカス(TBS)
3a
3b
赤坂駅
5a
5b
2
TBS
放送センター
日大三高通り
鹿島

玉窓寺卍
青葉公園
ホテル アジア会館
赤坂通り
赤坂陽光ホテル
氷川神社

竜泉寺卍
都営大江戸線
山王病院
赤坂小
マロウドイン赤坂

赤坂署
青山特別支援
SOLSO PARK P.96
SHARE GREEN MINAMIAOYAMA
乃木神社
乃木会館
乃木坂
赤坂中
赤坂小前

青山霊園
21_21 DESIGN SIGHT
檜町公園

墓地通り
青山斎場前
ウエスト青山ガーデン P.74
青山葬儀所
乃木坂駅
乃木坂トンネル
ガーデンテラス
THE COUNTER 六本木 P.68
サントリー美術館
ザ・リッツ・カールトン東京
東京ミッドタウン
アパホテル
〈六本木一丁目駅前〉

表参道駅
千代田線
青山墓地中央
徒歩約5分
5
国立新美術館 P.37
TRI-SEVEN ROPPINGI
ガレリア
六本
ティーキュー
聖ヨゼフ修道院
テレビ東京
六本木グランドタワー

外苑西通り
六本木トンネル
政策研究大学院大
東京ミッドタウン前
8
7
麻布署
俳優座
もとまちユニオン
コンフォートイン東京六本木

V2 TOKYO
レム六本木
六本木
4b
2
4a
KAKIGORI CAFE&BAR yelo P.148
教善寺
3
カンデオホテルズ東京六本木
三井ガーデンホ
六本木プレミア

高樹町出入口
首都高速渋谷線
日比谷線
六本木6
EXシアター
1a 六本木駅
文喫
1b ノースタワー
1c メトロハット
六本木 P.92
六本木
5
日比谷線

P.157 テルマー湯 西麻布
六本木通り
森タワー
ヒルサイド
毛利庭園
六本木中
東洋英和女学院小
麻布総合支所

大安寺
慈眼院
妙善寺
六本木ヒルズ
テレビ朝日
麻布氷川坂
フィリピン大使館

麻布教会
グランド ハイアット 東京
TOHO
シネマズ
飯倉出口

西麻布
心臓血管研究所付属病院
森美術館
P.140 六本木ヒルズ展望台
東京シティビュー
P.141 THE SUN & THE MOON (Restaurant)
六本木高
東洋英和女学院高・中
国際文化会館

繁成寺卍

麻布台ヒルズ
Dining 33 P.44,79
鮨 麻布 P.45   RACINES P.45
Balcony by 6th P.45
らいむらいと 麻布台ヒルズ店 P.45
エシレ・ラトリエ デュ ブール P.79
アラビカ東京 B1 P.79
ティーポンド P.79   ラベイユ P.79
ショウダイビオナチュール P.79
森ビル デジタルアート ミュージアム:
エプソン チームラボボーダレス P.79,122
麻布台ヒルズ マーケット P.79
だし尾粂 麻布台店 P.79
オガワコーヒーラボラトリー 麻布台 P.79
EN TEA HOUSE - 幻花亭 P.122
ジャヌ東京 P.161

麻布消防署
南山小
龍澤寺
総本家 更級堀井
シンガポール大使館
十番稲荷神社
麻布十番駅
新一

中国大使館
長玄寺
麻布十番本店
浪花家総本店
麻布かりんと 麻布十番本店
オーストリア大使館
豆源 麻布十番本店
あべちゃん 麻布十番店
5b
麻布十番駅

木光寺
賢崇寺卍

麻布高・中
NEW NEW YORK CLUB BAGEL & SANDWICH SHOP AZABU

179

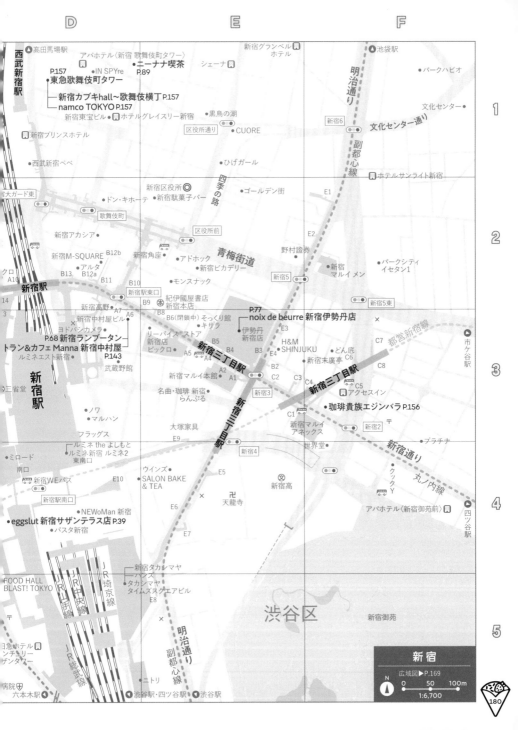

1

2

3

4

5

西武新宿駅

高田馬場駅
アパホテル〈新宿 歌舞伎町タワー〉
P.157　　●IN SPYre　●ニーナナ喫茶 P.89
東急歌舞伎町タワー

━ 新宿カブキhall～歌舞伎横丁 P.157
━ namco TOKYO P.157
新宿東宝ビル　ホテルグレイスリー新宿
新宿プリンスホテル

西武新宿ぺぺ

北大ガード東

新宿駅

クロ
A10

14

3

ヨドバシカメラ
トラン&カフェ Manna 新宿中村屋
P.68 新宿ランブータン
P.143

三省堂

新宿
駅

●ノワ
●マルハン
フラッグス

ミロード
南口
●新宿WEバス

新宿駅南口

●eggslut 新宿サザンテラス店 P.39
●パスタ新宿

FOOD HALL
BLAST! TOKYO

都ホテル
ンチリー
ンタワー

病院田
六本木駅

新宿グランベル
ホテル

シェーナ

区役所通り
CUORE

ひげガール

新宿区役所◎
ドン・キホーテ
新宿駄菓子バー
ゴールデン街
歌舞伎町
区役所前
新宿アカシア
E2
青梅街道
新宿M-SQUARE B12b
新宿角座
●アドホック
野村證券
アルタ B12a　モンスナック　新宿5
B13　B11
B10
新宿駅東口　紀伊國屋書店
A7　B9　新宿本店
新宿高野　B8　B6(閉鎖中)　そっくり館
新宿中村屋ビル　A6　キラリ
リーパイス・ストア
新宿店　A5　伊勢丹
ビックロ　A4　新宿店
A2　H&M
名曲・珈琲 新宿　A1　SHINJUKU
らんぶる　新宿3　C2　C3
大塚家具　E9　新宿マルイ
アネックス
ルミネ the よしもと　新宿4　世界堂
ルミネ新宿 ルミネ2
東南口
ウインズ　E5
SALON BAKE
& TEA　E6　新宿高
E10　卍
天龍寺
E7

新宿タカシマヤ
ハンズ
タカシマヤ
タイムズスクエアビル
E8

明治通り
副都心線

ニトリ

渋谷駅・四ツ谷駅　渋谷駅

池袋駅

●パークハビオ

文化センター●
明治通り

新宿6　文化センター通り

副都心線

ホテルサンライト新宿

E1

黒鳥の湖

四季の路

●パークシティ
イセタン1
新宿
マルイ メン

P.77
noix de beurre 新宿伊勢丹店

どん底
E4　●新宿末廣亭　C6
B3　　C5　都営新宿線
アクセスイン
C1　珈琲貴族エジンバラ P.156

新宿マルイ
アネックス　プラチナ
新宿2

新宿通り
クックУ
丸ノ内線

アパホテル〈新宿御苑前〉

市ケ谷駅

C7

C8

四ツ谷駅

渋谷区

新宿御苑

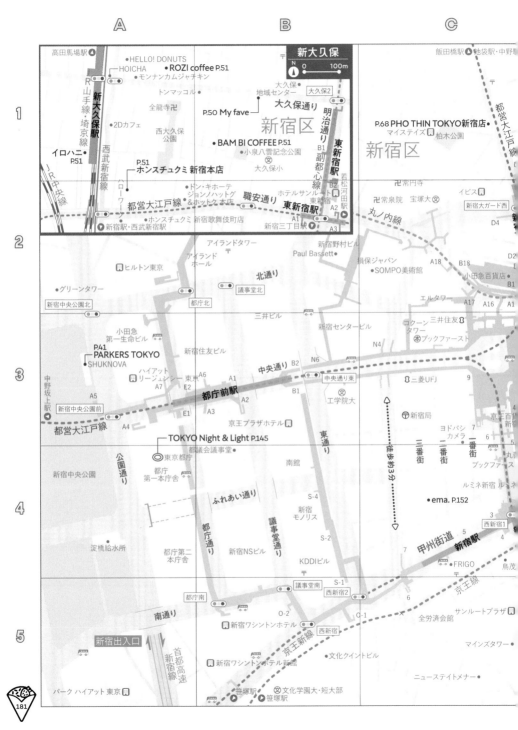

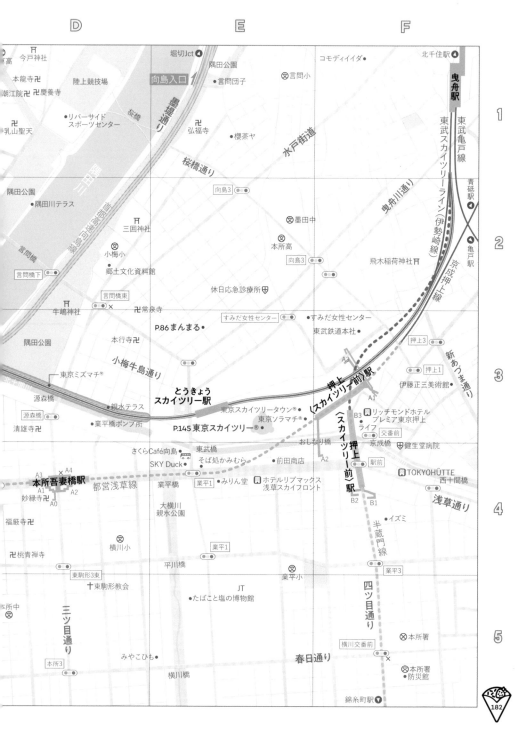

D   E   F

今戸神社
本龍寺卍
潮江院卍 卍慶養寺
●リバーサイド
スポーツセンター
●乳山聖天

隅田公園
●隅田川テラス
言問橋

言問橋下

牛嶋神社
隅田公園

東京ミズマチ®
源森橋
源森橋
清雄寺卍

妙縁寺卍
本所吾妻橋駅
A3 ×A4
A1 A2
A0

福厳寺卍

卍桃青禅寺
横川小

東駒形3東
東駒形教会

三ツ目通り

本所3

堀切Jct ◀
隅田公園
言問団子
向島入口
言問小
言問小

弘福寺
●櫻茶ヤ

水戸街道

桜橋通り
向島3

曳舟川通り

三囲神社
小梅小
郷土文化資料館

墨田中
本所高
向島3

飛木稲荷神社

休日応急診療所

すみだ女性センター ●すみだ女性センター
東武鉄道本社

P.86 まんまる●
本行寺卍

小梅牛島通り

とうきょう
スカイツリー駅

親水テラス
●業平橋ポンプ所
東京スカイツリータウン®
東京ソラマチ®
P.145 東京スカイツリー®

さくらCafé向島 ●東武橋
SKY Duck
そば処かみむら
●前田商店

都営浅草線
業平橋
業平1

みりん堂
●ホテルリブマックス
浅草スカイフロント

大横川
親水公園

横川小

平川橋
業平1

JT
●たばこと塩の博物館

業平小

横川橋

みやこひも

三ツ目通り

コモディイイダ
北千住駅 ◀
曳舟駅

東武亀戸線
東武スカイツリーライン（伊勢崎線）

青砥駅 ◀
亀戸駅 ◀
京成押上線

押上3
新あづま通り
押上1
伊藤正三美術館●

押上〈スカイツリー前〉駅

B3 ●リッチモンドホテル
ライフ プレミア東京押上
交番前

京成橋
おしなり橋
●健生堂病院
駅前

押上〈スカイツリー前〉駅
B2 B1

●TOKYOHÜTTE
西十間橋

浅草通り

●イズミ

半蔵門線

四ツ目通り

業平3

横川交番前
×本所署
●本所署
●防災館

春日通り

錦糸町駅 ▼

182

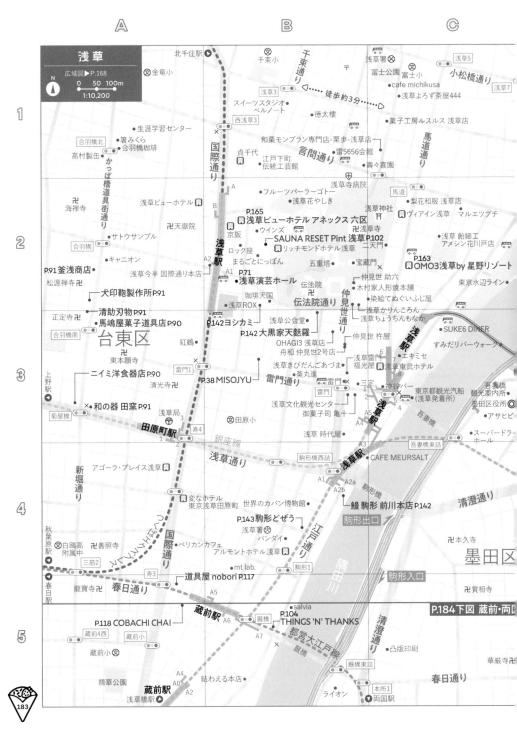

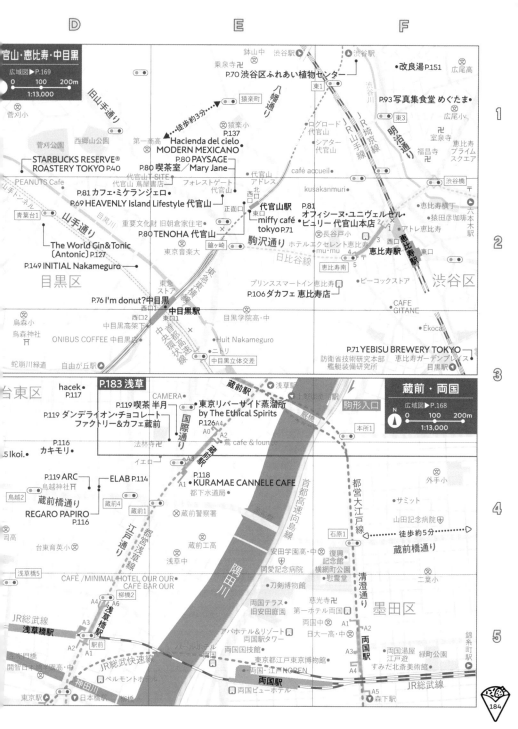

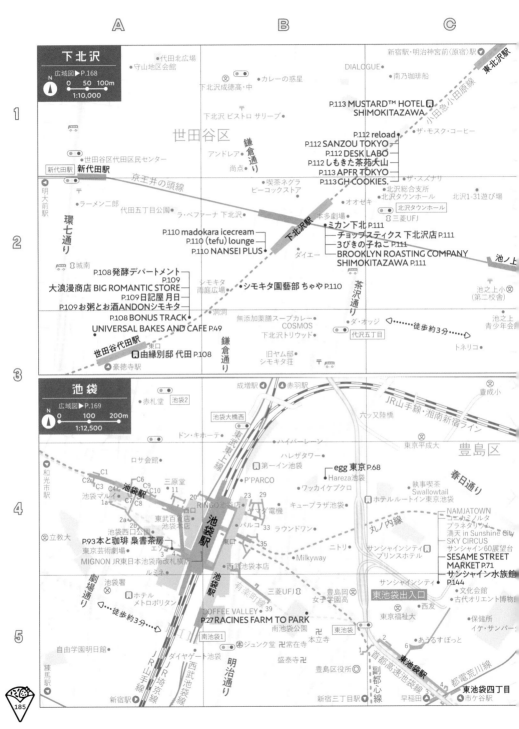

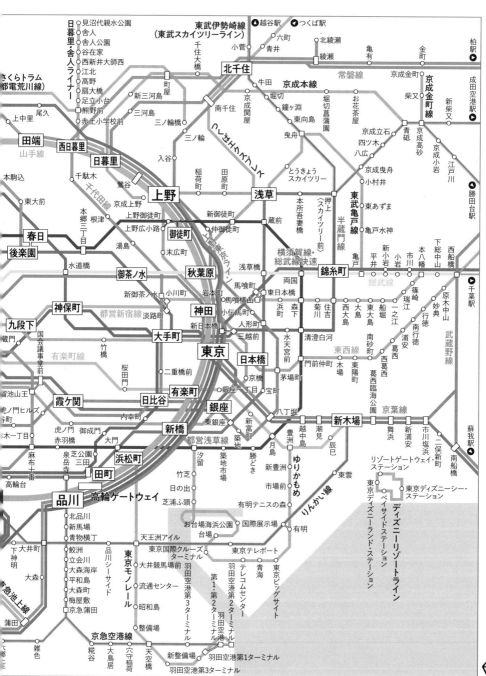

24H Tokyo guide INDEX

ミシマイチゴ

出版社、編集プロダクションを経て、2019年にフリーラン
スエディター＆ライターとして独立。旅行ガイドブック、
街情報誌などの制作に携わる。主な制作物に『東京パンガ
イド』『東京カフェ』(ともに朝日新聞出版) など。愛知県名
古屋市生まれ、東京都世田谷区暮らし。上京後、大都会へ
の憧れからミーハー心全開で、東京ウォッチに精を出す
日々。その生活も気づけば20年以上に！

撮影	古根可南子　橋本千尋　野中弥真人
執筆協力	達弥生
カバー協力	REGARO PAPIRO(→P.116)
写真協力	関係諸施設
表紙デザイン	iroiroinc.(佐藤ジョウタ)
本文デザイン	iroiroinc.(佐藤ジョウタ、香川サラサ)
イラスト	KON
マップ	s-map
企画・編集	朝日新聞出版 生活・文化編集部(白方美樹)

定価はカバーに表示してあります。
落丁・乱丁の場合は弊社業務部(電話03-5540-7800)へご連絡ください。
送料弊社負担にてお取り替えいたします。

東京ガイド 24じかん

24H Tokyo guide 東京

2024年7月30日　改訂2版第1刷発行

著 者	ミシマイチゴ
発行者	片桐圭子
発行所	朝日新聞出版
	〒104-8011　東京都中央区築地5-3-2
	(お問い合せ)
	infojitsuyo@asahi.com
印刷所	大日本印刷株式会社

©2024 Asahi Shimbun Publications Inc.
Published in Japan by Asahi Shimbun Publications Inc.
ISBN　978-4-02-334765-6

本書および本書の付属物を無断で複写、複製(コピー)、引用することは著作
権法上での例外を除き禁じられています。また代行業者等の第三者に依頼して
スキャンやデジタル化することは、たとえ個人や家庭内の利用であっても一切認
められておりません。